日本文化与日语教学综合探究

张 壮 著

全国百佳图书出版单位 吉林出版集团股份有限公司

图书在版编目（CIP）数据

日本文化与日语教学综合探究／张壮著． -- 长春：吉林出版集团股份有限公司，2022.11
　ISBN 978-7-5581-8093-4

　Ⅰ.①日… Ⅱ.①张… Ⅲ.①日语-教学研究 Ⅳ.①H369.3

中国版本图书馆 CIP 数据核字（2022）第 207484 号

RIBEN WENHUA YU RIYU JIAOXUE ZONGHE TANJIU
日本文化与日语教学综合探究

著：张　壮
责任编辑：朱　玲
封面设计：雅硕图文
开　　本：720mm×1000mm　1/16
字　　数：190 千字
印　　张：10.5
版　　次：2022 年 11 月第 1 版
印　　次：2022 年 11 月第 1 次印刷

出　　版：吉林出版集团股份有限公司
发　　行：吉林出版集团外语教育有限公司
地　　址：长春市福祉大路 5788 号龙腾国际大厦 B 座 7 层
电　　话：总编办：0431-81629929
印　　刷：涿州汇美亿浓印刷有限公司

ISBN 978-7-5581-8093-4　　定　价：58.00 元
版权所有　侵权必究　举报电话：0431-81629929

前 言

　　日本文化最早可以追溯至绳文时代，即早在母系氏族社会时期，日本文化的雏形就已经显现出来。在经历了原初文化、封建文化和近现代文化等历史时期后，日本文化逐渐形成了相对稳定的内涵及独具特色的体系。总体看来，日本文化具有矛盾和统一的鲜明特征：一是开放性与封闭性，日本曾大量吸收其他国家的文化以推动自身文化的发展，也因纵式的社会结构而阻碍了各文化领域之间的交流；二是自卑感与优越感，日本在历史上走过欧化的道路，之所以大力引进西方文明就是源自文化的自卑，而其又不断地向东方国家展示自身的强大，这无非是在彰显其优越感；三是内聚性与排他性，日本人对自己所属的集团与组织有着极强的忠诚感，他们为了集团与组织的利益凝聚成一个团体，与此同时，也会将自己与其他国家的人划清界限。在历史因素、地理环境、价值观念等影响下，日本文化成为东方文化系统中独特的构成因子，向世界展示着它的魅力。

　　语言与文化密切相关，日语是日本文化的重要组成部分，日本文化又通过日语表现出来，所以研究日本文化离不开日语，日语教学也必须以日本文化为依托。随着全球一体化趋势的加强，中日两国的交流日渐频繁，中国学生的日语学习需求也愈加强烈，在这种背景下，日语教学受到了社会各界的重视。综观日语教学现状，或多或少存在着教学理念无法适应当前时代的发展要求，教学方法较为单一，专业师资力量较为薄弱等问题，加之文化导入不足，直接影响了日语教学的实际效果，阻碍了应用型日语人才的培养。因此，应加快新时期日语教学的改革，提高日语教学质量，优化日语教学效果，这也是广大日语教学工作者的职责所在。

　　近年来，不少学者依据自身的理论知识与实践经验对日本文化与日语教学展开研究，一系列研究著作随之产生，《日本文化与日语教学综合探究》就是其中之一。本书介绍了日本文化的起源、发展、内涵、特征及其对外交流；从社会生活、民族精神、文学艺术三方面对日本文化进行了详细分析，包括"家"制度与"纵式"社会结构、法定节日与年中行事、独特饮食——日本料理，日本人的"物哀"情结、"娇宠"心理、"耻感"与"义理人情"，蕴含生态忧思、反映自我意识、凸显女性主义的日本文学以及日本动漫艺术、舞台艺术、庭园艺术；以日本文化中的日语语言为切入点，对日语教学进行了系统研究，包括日语教学的目标、原则、过程，日语教学的主要方法——情境式教学法、任务型教学法、互联网教学法，日语教学的评价体系；立足跨文化视角，探讨了日语教学中跨文化交际意识与能力的培养，分析了跨文化教学实践。

本书内容丰富，结构清晰，为读者了解日本文化、开展日语学习提供了资料借鉴。另外，本书在撰写过程中得到了众多学者的支持和鼓励，同时参考和借鉴了有关专家、教研人员的研究成果，在此对其表示诚挚的感谢！由于作者水平有限，对日本文化的分析与日语教学的研究难免存在疏漏和不足之处，诚望广大读者批评指正。

目　录

第一章　日本文化概述 …………………………………………………… 1
　第一节　日本文化的起源与发展 ………………………………………… 1
　第二节　日本文化的内涵与特征 ………………………………………… 9
　第三节　日本文化的对外交流 …………………………………………… 14

第二章　日本社会生活文化 ……………………………………………… 21
　第一节　"家"制度与"纵式"社会结构 ………………………………… 21
　第二节　法定节日与年中行事 …………………………………………… 26
　第三节　独特饮食——日本料理 ………………………………………… 32

第三章　日本民族精神文化 ……………………………………………… 40
　第一节　日本人的"物哀"情结 …………………………………………… 40
　第二节　日本人的"娇宠"心理 …………………………………………… 45
　第三节　日本人的"耻感"与"义理人情" ……………………………… 51

第四章　日本文学艺术文化 ……………………………………………… 60
　第一节　蕴含生态忧思的日本文学 ……………………………………… 60
　第二节　反映自我意识的日本文学 ……………………………………… 63
　第三节　凸显女性主义的日本文学 ……………………………………… 67
　第四节　独具特色的日本动漫艺术 ……………………………………… 71
　第五节　类型丰富的日本舞台艺术 ……………………………………… 74
　第六节　基于禅宗文化的日本庭园艺术 ………………………………… 81

第五章　日本文化中的日语语言 ………………………………………… 85
　第一节　日语的语言特点 ………………………………………………… 85
　第二节　日语中的称谓词、寒暄语与外来语 …………………………… 88

  第三节 现代日语的语体与话语类型 …………………………………… 97
第六章 日语教学的目标、原则与过程 …………………………………… 103
  第一节 日语教学的目标分析 ……………………………………………… 103
  第二节 日语教学应遵循的原则 …………………………………………… 108
  第三节 日语教学过程及其最优化 ………………………………………… 112
第七章 日语教学的主要方法与评价体系 ………………………………… 120
  第一节 情境式日语教学法 ………………………………………………… 120
  第二节 任务型日语教学法 ………………………………………………… 125
  第三节 基于互联网的日语教学法 ………………………………………… 129
  第四节 日语教学评价体系的构建 ………………………………………… 133
第八章 跨文化视域下日语教学的发展 …………………………………… 139
  第一节 日语教学中的文化导入 …………………………………………… 139
  第二节 日语教学中跨文化交际意识与能力的培养 …………………… 146
  第三节 跨文化视域下日语教学实践分析 ……………………………… 152
参考文献 …………………………………………………………………………… 158

第一章 日本文化概述

日本文化可以追溯到公元前数千年的绳纹时代，以此经历了原初文化、封建社会文化和近现代文化等历史发展时期。从古至今，日本文化的发展有着它独特的特点，有许多不同于中国、西方文化的发展规律，形成了自己独具特色的文化体系。在日本的文化中，有许多看起来矛盾对立的现象，然而又和谐统一在一起。这种发展历程促成了当代日本文化别具一格的特点。

第一节 日本文化的起源与发展

一、日本文化的起源

（一）日本文化的渊源

早在二十万年以前，日本列岛就开始有人居住。在1992年发现的宫城县上高森遗址，从被推定为六十万年前的地层出土了石器。不过，也有人对这一测定结果抱有疑问。但毋庸置疑的是，在冰河时代，因为海面较低，现在的日本列岛与亚洲大陆的陆地相连，在那时大概就有人类从亚洲大陆迁徙过去了。其中，从现在算起大约一万年以前，也就是公元前八千年前后进入了制作和使用绳文（绳纹）土器的时代，也即绳纹文化的时代（通称绳纹时代）。那之前的时代，因为还没有使用土器，所以被称为先土器时代，从历史的角度来看，又被称为旧石器时代，而绳纹时代相当于日本的新石器时代。关于先土器时代的研究，自1949年在群马县岩宿发现遗址以来，取得了很大的进展。

一般来说，在旧石器时代使用的是打制石器，而使用磨制石器的时代则被称为新石器时代。不过，在日本的旧石器时代，在石斧上却使用了磨制的刃，这一点比较独特。与此相关，从自然环境的侧面将原始时代以来的日本文化视为"森林的文化"的安田喜宪的观点受到了人们的关注，他强调因为需要利用森林中的树木，所以出现了磨制石斧。

在气候方面，日本列岛属于季节风地带。不过，同样是季节风地带的南亚呈现的是高温多湿的夏天雨季和冬天旱季相互交替的形态。日本不仅降雨量多，而且四季都下雨，冬天还下雪。这种气候适合树木生长，而树木则提供了果实等丰富的食物。所以人们认为绳纹土器一开始是用于橡子等果实的加热去涩、煮山菜或动物的肉，以供食用。之后，又用来煮海产品。在森林中使用土器的古人大约在一万年前移居到了海边，开始食用鱼类以及贝类，这一点可以从他们的生活垃圾的遗址即贝壕的残存状态推测出来。人们强调作为"森林和海洋的文化"的绳纹时代是从那个时候开始的。因为日本列岛的自然环境富于变化，所以日本的森林也各有特色。大约从五千年前起，以本州岛的中部地区为分界线，在北面形成了延伸至关东、东北地区的山毛榉等落叶阔叶树林带，在南面形成了延伸至九州地区的橡子树等常绿阔叶树林带（即照叶林带），即便到了现在，这种分布状态也都基本上持续下来了。其中，东日本的森林地带果实的种类及数量似乎比较丰富，这个地区绳纹文化遗址比较多，大概就是因为这样的缘故。特别是青森县的三内丸山遗址，在大约五千五百年前到四千年前的长达一千五百年间一直有人居住。该遗址当时距离海岸线比较近，位于森林和海洋的连接点。在农耕以前的采集经济阶段，能看到接近长期定居的生活形态，而在日本列岛以外的原始社会极为罕见，由此可见三内丸山周围地域的生活条件在当时非常优越。

虽然当时日本处于物质丰饶的自然环境之中，却没有追求财富的集中以及权力的扩大，因此也没有像同时代的西亚那样为了建造都市而破坏自然森林，而是长期维持了与自然的和谐、共存的社会，这一点是绳纹化的特色，安田喜宪称之为"森林的文化"。在那之后，日本的社会组织经历了历史的变迁，但"森林的文化"作为日本文化的一个侧面一直被继承下来了。

因为在三内丸山遗址出土的栗子的DNA的构造彼此类似，当时有可能栽培了栗子树。此外，在绳纹时代中期的各地的遗址中还发现了荏紫苏、豆以及荞麦类的种子或者花粉，因而被称为绳纹农耕。不过，当时人们的生活并不是依靠栽培这些作物来维持的，其规模甚小，只构成狩猎、采集经济的补充部分。而到了绳纹时代的后期，主要是在日本西部，出现了小米、稗子、豆子、荞麦以及芋类的栽培痕迹，这种农耕在引进了水稻种植之后，仍在山村等旱田耕种中被继承下来了。

因此，虽说当时有了农业，但从整体上来说，狩猎以及采集依然是经济活动的基础。虽说是采集经济，但到了晚期，已经形成春天采集新芽以及贝类，夏天捕鱼，秋天采集果实，冬天打野猪、鹿等这种与四季循环相适应的经济生活的节奏。很有可能是因为在日本列岛地区，四季的循环分明而且有规律的缘故。在下一个时代即弥生时代，当农耕文化从亚洲大陆传来的时候，有规律的经济生活节奏成了接受农耕文化的一种有利条件。很显然，要经营以水稻耕作为中心的农业，与四季的循环相对应的生产活动是必要的。

(二) 从原始社会到古代国家

豪族居馆的遗址表明统治者和被统治者之间已经开始了等级分化。这一动向的进一步发展，就形成了作为政治统治组织的国家。实际上，在日本历史上，弥生时代之后从公元4-7世纪的时期被称为古坟时代。各地建造了大规模的坟墓，说明那时出现了政治上势力强大的统治者。一些小国家被合并，形成了统一本州（东北地区除外）、四国、九州以及周边岛屿的国家。那便是日本的古代国家。

国家的形成一方面是一部分统治者垄断权力和财富的过程；另一方面又是政治组织的形成给社会带来和平秩序的过程。对于以务农等为生的一般人来说，国家一方面具有压抑的因素；另一方面又具有保障在和平环境下的安定生活的意义。弥生时代是战争的时代，而进入古坟时代以后，环壕部落以及高地部落消失了。这一事实也表明在不断形成的国家组织之下，各个部落已经没有必要维持自卫的态势了。权力一方面带来压抑；另一方面维持公共秩序。但是，具有这种两面性的不只是古代国家，可以说是国家一般都具有的共通特性。不过，古代国家作为在日本历史上最初出现的国家特别引人注目。从采集经济到农耕经济，继而形成国家，这是世界上各个民族共通的历史进程，而在日本，特别是在进入农耕文化的时代之后，这种进程呈现了快速发展的态势，也构成了日本的明显特色。

二、日本文化的发展

(一) 日本原初文化的三个时期

绳纹文化与后来的弥生文化、古坟文化，是日本原初文化的三个时期。日本历史始于石器的出现，绳纹时代即是日本的石器时代。

考古发掘出的那个时期的陶器表面带有丰富多彩的草绳模样，史称绳纹陶器。绳纹陶器历史久远，外观渐趋复杂，花纹日益丰富多彩，说明其时陶器工艺的成熟以及石器加工的发达。尽管当时日本已经处于新石器时代，但因岛国的地理位置，致使当时欧亚大陆的先进文化未能进入日本。绳纹人群居洞穴，仍以捕鱼、狩猎、采集为生，不知农耕。生产力的滞后，亦使其当时社会滞留在母系氏族公社阶段。巫术支配人们的原始社会生活，也支配着人们的精神生活。

大约在公元前2世纪至公元3世纪，日本历史进入弥生时代。考古学家在东京都文京区弥生町发掘出不同绳纹陶器的新式陶器，史称弥生陶器。弥生陶器器形简单，花纹也不繁杂，与绳纹陶器迥然不同，反映出一种新的审美情趣。一般认为，弥生陶器是从海外输入的，即可能是从大陆迁入的民族带去了新的弥生文化。新的文化虽然战胜原有的绳纹文化而成为日本文化的主流，但外来人终被原著居民所同化，日本民族并未因之而断续。弥生时代的生产力有了很大的提高，这是因为先进的大陆文明经由朝鲜半岛传到了日本，促使日本很快进入以稻作农耕经济为主的农耕社会，石器时代进入了铁器时代。弥生人从事农耕，种植粮食，共同劳动逐渐形成大的村落，父系社会制度取代了母系制度，阶级差别、政治支配关系也逐渐形成。当时，自然崇拜和巫术迷信依然支配着人们的精神生活，特别是农耕祭祀活动盛行，成为弥生文化的一大特征。

从公元三四世纪到六七世纪，以畿内为中心，全国各地建造了许多以前方后圆坟为代表的高冢古坟，标志着日本由弥生文化进入古坟文化的时代。古坟的建筑需要征集大批劳动力，坟内陪葬有镜、剑、勾玉等精致工艺品，象征着死者生前拥有强大权力。这与一般民众死后的简易安葬形成鲜明对照，说明强大的专制集权已经形成，即以畿内为中心的大和国终于在5世纪初统一了日本。这个时期，日本从大陆不仅源源不断地输入物质文明，而且开始导入大陆的精神文明。一方面，移居日本的汉人和朝鲜人即所谓"归化人"开始使用汉字记事，一方面，中国的阴阳、天文等知识传入日本。到6世纪，儒家经典、佛教等亦经朝鲜半岛传入日本，揭开了日本精神文化的序章。

日本原初文化的萌发和形成经历了漫长的历史时期。从迄今关于绳纹、弥生和古坟文化的研究来看，日本原初文化是原始社会的日本人在与外部自然的斗争中、在寻求和丰富自身物质生活的过程中产生的，并且一旦岛国日本与外界取得联系，外来先进文化便立即被导入，成为日本文化的生长激素。其次，在精神文化上，巫术和祭祀支配着原始社会日本人的社会生活，这种原始信仰为日本民族宗教——神道教的形成提供了基础。第三，日本原初文化的形成与日本民族、国家的形成几乎同步，二者关系密切，不可分离。即以大和地区为中心，融合诸民族而形成"大和民族"；"大和国"也终于统一了"百余国"，建立起天皇制国家。

(二) 日本封建文化的三个时期

1. 早期的白凤、天平、平安文化

早期的封建社会（飞鸟、奈良、平安时代）的日本文化，集中体现为白凤、天平文化和平安文化。所谓白凤文化是指大化革新至奈良时期的文化，天平文化泛指整个奈良时期的文化。此间，日本主动与隋唐建立密切关系，积极摄取隋唐、特别是唐代文化，有力地推动了日本文化的发展。佛教传来后便为朝廷所利用，受到朝廷保护以至成为国教。以奈良药师寺为代表的佛教艺术，成为当时日本文化史上的一大景观。另外，在使用汉字记事的基础上，日本借用汉字的音和义标记日语的音和声，创造了"万叶假名"，并用之创造了和歌集《万叶集》。至此，日本结束了只有语言没有文字的历史，这是日本文化史上划时代的大事。随着假名的出现，日本文学逐渐占据主流地位。建筑与雕刻、绘画与音乐、书道与茶道等，也都各展"和风"，显示日本文化的独自特色。

2. 中期的镰仓、室町文化

中期封建社会（镰仓、室町时代）的日本文化，以武士文化为特色。武士，本意为学习武艺，执掌军权者。它在日本作为新兴阶层出现是9世纪中期以后的事。那时，随着庄园实力的强大，为镇压农民，保卫庄园利益便组建私人武装力量，谓之武士团。镰仓幕府的建立，标志着以武士为统治阶级的武家政权已经成为支配日本的实际力量。镰仓幕府衰败时朝廷试图夺回政权未果，室町幕府执政。与以朝廷为中心的贵族文化比较，武士文化则倾向于大众，包含许多新的大众文化因素。就武士阶层自身而言，在以主仆契约为人际关系原则中形成的人伦道德，既有践踏生灵的非人性的一面，又有忠诚于主人的新的道义活力的一面；武士的道德也因时代而异，必须对之加以具体分析。以武士的军旅生活为题材的武士文学，与武士心境相吻合的禅宗的流行，以及各类理论著作的出现，都是这一时期日本文化史上的新特点。

3. 后期的安室桃山、江户时代的日本文化

后期封建社会（安室桃山、江户时代）的日本文化，亦即江户时代（又称德川时代）的文化。江户时代历时260余年，时日本封建社会成熟期也是崩

溃期。由于长期的社会稳定，经济繁荣，加之一度锁国，致使前近代的日本文化异常繁荣，臻于成熟。概言之，江户文化的主潮流不外是：其一，中国的儒学、特别是朱子学取得独尊的地位，成为官方意识形态，推动日本精神文化的发展。其二，具有日本独特的思想文化的创出与繁盛。其三，西方文化的受容与研究。

（三）开国与明治文化

1868 年明治维新，结束了 200 余年的锁国政治，从此，日本揭开了近代史的新篇章。

明治时代（1868-1912）是日本资本主义形成、发展并走向帝国主义的时代，也是日本从 19 世纪迈入 20 世纪的世纪之交的时代。从文化史上看，明治文化一方面要为明治初期新政府建立近代资本主义国家体制提供依据，又要为其后的资本主义近代化建设服务；另一方面日本文化还要完成自身的转型，展开文化本身的发展。从总体上看，明治文化大体经历了启蒙与西化、批评与反思、折中与创造这样三个阶段。

明治初期，刚刚从封建体制中脱胎出来的新政府，为实现向资本主义的彻底转变，提出文明开化、置产兴业、富国强兵三大政策。文明开化意味着从前近代社会的解放、意味着资本主义近代化。当时日本已经认识到既要汲取西方的物质文明，更要汲取其精神文明。被誉为国名教师的启蒙思想家福泽谕吉说："文明有两个方面，即外在的事物和内在的精神，文明外形易取，而文明精神难求。"[1] 因此，他提出一个"首先改革人心，然后改革政令，最后达到有形物质"[2]，在日本实现现代文明的模式。于是，以"明六社"为中心，一批有为的知识分子掀起了思想启蒙运动，西化大潮冲击着日本列岛，荡漾着社会的方方面面、角角落落，震撼着日本人的心。但是，潮水有涨必有落。在西化热潮稍事冷却后，国粹主义者复出，试图否定启蒙成果，复活传统。在批评复古逆流肯定文明开化大方向的同时，有识者也对前期思想文化界的混乱进行反思，根据日本近代社会发展的需要，探索以导入的西方文化为媒介，创造日本现代文化的道路。可以说，明治后期文化已经完成了现代转型，并且在与西方文化共流、撞击与相融中，探索出现代日本文化发展的独自道路。

---

[1] ［日］福泽谕吉. 文明论概略［M］. 北京：商务印书馆，2009：13.
[2] 李佐军. 人本发展理论 解释经济社会发展的新思路［M］. 北京：中国发展出版社，2008：200.

(四) 短命的大正文化

大正时代（1912-1926）是短暂而相对稳定的时期。该时代的根本特征，是大正民主主义风潮席卷文化的各个领域。自中日甲午战争、日俄战争后，日本垄断资本迅速发展过程中，不论在城市，还是在农村，都逐渐形成了一个新的中间阶层及中产阶级。这一阶层在政治上反对当时的军阀官僚专制，要求实现政党政治，实施普选，从而形成大正民主主义运动。在此时代背景下产生的大正文化带有鲜明的现代性，主张确立近代自我，宣扬个人主义、理性主义，成为大正文化的基调。

大正民主主义思想的核心是民主主义，倡导民主主义的理论代表吉野作造认为，政权运作的终极基础在于民众，最终决策也应符合民众意向。[①] 以民为本是吉野政治思想的根基。他虽然承认天皇制，但主张实现名副其实的君主立宪制，即限制军阀、官僚专制，扩大议会的权力。从当时的历史条件看，吉野的思想无疑有着积极的进步意义。在民主主义的时代风潮下，大正时期的哲学社会科学也一展新貌。新康德学派的理想主义哲学领域，而波及整个知识界。作为新康德学派之日本版的文化主义、人格主义、教养主义，一时风靡思想界。文化主义在肯定文化价值的同时，还强调人的主体性，由之而泛起人格主义思潮，即把人格价值视为唯一的伦理价值。为大正文化推波助澜的岩波书店刊出许多新书，并于1915年到1917年推出哲学丛书，宣传理想主义哲学，被称为"岩波文化"。此外史学家津田左右吉对日本古代史的合理主义解释，民俗学家柳田国男对前人尚未涉足的庶民生活的研究，有力地推动了大正社会科学研究的发展。

大正文化清新而繁荣，然而，大正时代未及展开便匆匆消逝，短命的大正文化亦随之落下帷幕。

(五) 日本昭和文化的浮沉

昭和时代（1926-1989）可以说是日本现代史上唯一能够代表20世纪风云变幻及其特质的重要历史时期。无疑，这种变幻与特质在昭和文化史上得到了充分的反映。

昭和前期，伴随日本社会的激荡与变幻，日本文化也在光明与黑暗、进步与倒退的较量中谱写自身的历史。昭和前期正是日本加速帝国主义法西斯

---

① 绕从满. 日本现代化进程中的道德教育 [M]. 济南：山东人民出版社，2010：158.

化并发动对外侵略战争，直至失败的时期；在思想文化领域则是国家主义、超国家主义思潮和日本主义思潮逐渐泛起进而占据主导地位的时期。政府在提倡和推行法西斯文化的同时，还不断强化思想统治，镇压一切进步文化，迫害一切进步的文化人士，战前日本文化完全失去生机，而被血腥的侵略战争所吞没。

战后日本社会安定、经济持续发展、为文化的全面繁荣创造了条件。其特色最重要的是生活文化、物质文化的发达及其大众化现象。这是因为战后扩大了思想言论的自由度，且从制度上得到保证；战后劳动者权力的扩大与生活水平的提高，也成为大众文化昌盛的契机。文化的大众化所产生的社会作用是双重的，一方面它提高了作为社会主人的大众的主体素质，使其在社会经济发展中得以发挥更加重要的作用；另一方面它导致文化商品化，使人片面追求文化的消费价值，从而导致创作热情锐减，以至颓废文化泛滥，也就是说，战后日本文化繁荣的同时，却出现了一种不可忽视的负面现象即文化的颓废与停滞。

（六）平成文化的发展

1989年裕仁天皇逝世，皇太子明仁即位，年号平成。20世纪的最后十年是世界格局发生急剧变化的十年，在冷战结束，世界正向多极化发展，包括日本在内的世界各国都在为建立国际政治、经济新秩序而努力。新的国际环境也给日本文化带来影响。素有吸纳多元文化之长的日本文化在把自身融入世界文化的过程中，将更繁荣。

日本文化在发展过程中先后经历了以上不同的历史时期，在如今的日本，西方文化看似遍布全国，但传统文化依然生息不绝。日本是个十分重视也十分善于吸收和输入他国文化的民族，从7世纪的"大化革新"大规模地输入大唐文化，到19世纪的"明治维新"大规模地吸收与输入西方文化，都对日本的发展进步起到了巨大的推动作用，并取得了巨大的效果，为建设一个现代化的国家奠定了基础。任何一种文化的形成与发展都要受许多因素的影响，本国的和外国的历史，以及佛教、儒教甚至基督教都曾对日本文化起过作用，日本在变化，但是却从未真正脱离其最古老的本土文化根源。

第二节 日本文化的内涵与特征

一、日本文化的内涵

(一) 自然本位思想

日本所在的岛屿及其附近地区的主要气候是温带海洋性季风气候，冬季不会太冷，夏季不会太热，气候适宜当地植物生长。日本地区的植物种类繁多，且都生长茂盛，将日本所在岛屿装点出了一种自然的美感，这种美是和谐的，清丽的，不落俗套的，是真正源自大自然的美。日本人民就是在这样的自然环境下，出生并长大，受自然环境的影响，形成了独特的人文文化，那就是尊重自然且融入自然。

日本人具有与大自然共情的感知力和与自然和谐相处的能力。日本出名的《万叶集》中有很多文字都是描写的自然与四季。例如清少纳言写得《枕草子》描写了自然中四季的不同与美好，以及吉田谦好写得《徒然草》也用独有的描写手法展示了自然四季的灵动。古典短诗作者松尾芭蕉尤其喜欢大自然，认为自然当中蕴含着一种独特的雅韵，并且认为人可以从自然中获取美好。日本人这种对四季的敏感度和人类与自然息息相关的思想一直延续到现代。日本人平时的聊天内容就与季节有着密切的联系，也常常会在对话中谈及当天的天气如何，还会在邮件中经常谈及天气。例如，人们会说最近是草长莺飞的季节，冷厉的冬季要转换为温暖的春季了。我们分析中国和日本对大自然的看法可以看出，中国和日本都认为人类应当与自然相互融合，但两国具体的观念存在着不同之处。日本人从很早以前就认为自然是应该受到人们敬仰的，所以至今日本人都十分敬仰自然，尊重自然。中国人对自然的态度，一般都是从儒学的角度出发，讲究人类和自然的关系应该是和谐的，在此基础上更肯定人的作用，认为人对自然的作用是重要的。我们可以从中国和日本两个国家园林艺术的不同之处看出两国对自然的不同态度。日本建造的园林会尽量还原自然的样貌，园中大多都是自然生长的植物，很少会有工作人员去修整植物或是建造小亭子，即使存在人工的痕迹，也不会显得很刻意，这些都展示了日本人尊重自然的思想。我国的园林中常会出现人为建造的亭台楼阁，彰显人为力量改造自然的作用，强调人的园林工艺，体现中国人尊崇人力作用的思想。

日本社会从很早以前就流行"自然本位"的思想，该思想是日本社会占据主流的思想之一。日本经过现代化的改造后，依旧保留了符合当今人与自然关系的自然本位的观念，这种观念使人们掌握了如何与大自然相处的诀窍，并维系着如今人们与自然的和谐关系。日本的思想家就提出：人类应当重新审视自己在宇宙中的价值，不应该认为人类就是世界的主宰者，不应夸大人类的作用，而是要从整个宇宙的角度正确看待人类的作用和价值，要用辩证的逻辑思考人类的意义。日本很久之前就倡导与自然和谐共处，互相融入，所以一直在引领各生产活动向循环产业靠拢，努力建造环保的产业链，促进材料的循环利用，形成社会性的思想主流，这种方式是值得各个国家肯定的。

(二) 生命一体感意识

日本所处的区域有着不错的自然风光和丰富的植物种类，并且还有着多样的地形，有全种类的火山。日本地形多样且复杂，在当地有着地形变动的各种自然痕迹。日本有一部分地区处于环太平洋断裂带，那里的地质活动频繁，时至今日仍旧在不断活动，导致当地的地形更加复杂多变。也就是说，日本人从很久之前就在这种地形复杂且多变的地方生活。日本人生活的地方虽然有着美好的自然风光与丰富的植物资源和水资源，但是也有着多变的地形、随时会喷发的火山和地震海啸等自然灾害。在这种自然条件下长大的日本人对自然的态度是既爱护自然也敬畏自然。日本人为了能够抵抗自然灾害带来的损失，会联合全体人民抵御自然灾害，众志成城，从而产生了"生命一体感的意识"。日本从早期时候就有这种全体人民之间的生命一体感意识。在古时候，日本人就已经把"生命一体感"当作自己民族的思想基础，他们注重和谐，认为和谐是最宝贵的、最有价值的思想，是生存发展的根基。日本的交际活动可以看作是伦理关系的关键。

总的来说，是日本这个特定环境和经济发展促成了生命一体感意识的诞生。古时候，日本人经常一起种植水稻，通常是按村庄为一个种植单位，在此基础上实现日本人民共同劳作，种植粮食。日本会在种植的那段时间里和自己所属的村子里的全体人员吃饭，通过这种方式动员全体村民协调合作，促进人们关系更加融洽，从而获得粮食的大丰收。日本有个词叫"村八分"，指的是：村民要一起按照村中的律法和规定生活，要替全村人谋利，不能自私。如果有人不是这样做的，就会被村中其他人赶出村子，会落入一种被全村人孤立的境遇，导致生存也会变得艰难。所以说，日本人如果不再是村庄中的一员，那么就会逐渐被社会抛弃，难以存活。日本每一个在村中的村民都不可以自私，而是要替全村的利益考虑，用自己的力量推动村子发展。从这可以看出，日本人崇尚的美德其实是一种正直的品质，也是愿意牺牲个人利益的品质。村庄还有一个功能就是它能够保护本村村民的生活。综上所述，村庄是被人们放在第一位的，它的价值高于个人的价值。这就是日本人一直坚持信奉的理念，认为"和"的作用最重要。

可以说，如今日本的社会集团主义思想就是源于"生命一体感"意识。1945年后，日本的经济得到快速发展，这时学者们从自己专业的领域分析日本的社会和日本人的思想，分析出了日本人与人交往的特征，并十分认可这种特征。20世纪60年代，有些学者分析得知日本社会中人们的交往思维是纵向的思维，具有集团一体感的思想，而且人们也认可集团思想，促进了社会的团结，推动了日本经济的进一步发展。20世纪70年代，有部分学者认为日本民众的普遍性格是矫情的，但其实是一种依赖心理，具有这种依赖心理的日本人通常会依附于权威力，促使日本形成早期的集团主义社会思想和社会构成。还有些学者认为日本社会就算在之后的时间里受到西方国家的非集体主义的思想影响，也仍是会坚持日本本土的集体主义社会主流思想，从而与西方个人主义思想融合成为既有东方特征又有西方特征的中间思想。总的来说，"生命一体感"思想的形成受到日本当地自然条件和地质活动的影响，并且这种思想在今天仍起到支撑日本文化传承发展的重大作用。

二、日本文化的特征

日本国家的文化不仅是开放的，而且还有着主体性。

中国的文化是在中国的历史中形成并发展的。而日本的文化是借鉴了其他国家的文化。日本文化的形成过程使得日本的文化比较开放且具有主体性。

如果说中国的文化是本土发展起来的自创性文化，那么日本的文化就是吸收了周围国家和地区文化的摄取性文化。日本从一开始就在靠近中国的位置，而中国又有着灿烂的文明，是日本文化的借鉴对象。日本不同于其他国家有那么悠久的历史。当其他国家发展农业时，日本还没有开始发展农业；当其他国家使用铁制工具大力发展农业经济时，日本还没有炼制金属的工艺，只能用石头制成的工具。这样的日本没有足够的能力迅速发展自己国家的文化。在中国掌握了丰富的冶铁技术后，开启了金属工具造福人类的时期，并壮大了自己的国家。而日本却还在使用石头做的工具，导致日本国家的文化发展停滞。中华民族不断壮大，灿烂的文明也深深影响到了日本，使日本学习到了冶炼金属和治理农业。日本国家接触并吸收了中国的优秀文化，为日本的文化发展注入新的活力，发展了农耕文明和冶炼金属的技术。之后，日本经历了弥生文化时代。弥生文化在日本文化的发展中起到重要作用。日本是先发展的本土文化，也就是绳文文化，虽然进展不快。后来日本文化受到其他文化（即弥生文化）的影响，导致本土文化失去了发展的动力。日本绳文文化落后于中国灿烂的文化一大截，所以日本面对不同于自己国家的文化抱有接纳的态度，始终愿意接收优秀的文化。日本的民族形成时期是本土文化和外来文化交织的时期，从那时起，日本人民就十分愿意接纳其他国家优秀的文明，积极吸收他国文化，改善和发展本国的文化。就是这种摄取性质的文化奠定了日本文化高度开放的基础。日本可以说是一直在摄取周边地区的文化，对外来文化极其包容。从弥生时代起，日本就一直在探寻各地区优秀的文化，并吸收那些可吸收的文化。纵观古今，日本接触并接纳了中国文化、印度文化和一些西方国家的文化。日本有三次对外来文化大吸收的时期，分别是645年日本对中国隋唐时期文化的学习、1968年接触并借鉴了欧洲西方国家的文化和第二次世界大战后学习美国的部分可学的文化。

日本民族这些年不只是依靠学习借鉴外来文化促进整个国家文化的进步，还发展出了具有主体性的文化。曾有日本学者分析日本文化，认为日本虽是经常接受吸收其他国家的文化，但在与本国文化融合的过程中，不会彻底丢弃本土文化，而是极大保留了本土文化，注重日本民族文化的主体性。

日本文化主体性的体现就体现在日本文化是保有自己文化形成方式的。日本从很久以前就接触到其他地区的文化，并且对这些地区的优秀文化有选择地吸收融合。日本就是这样吸纳他国文化用于本国文化的形成与发展，在借鉴了他国成功的文化后自主建立了本国的文化，这样的文化发展方式一直延续至今。

日本从很早以前就接触并学习到了中国儒家文化的伦理观念，儒家文化对人际关系和交往活动的观念也是日本人民认可并推崇的，这也对日本人民后期的各种文化的形成奠定了基础。一直到今天，日本人仍旧推崇集团主义，认为人与人之间交往应该要谦逊、厚道、讲仁义和互相信任。实际上，日本人并不是真的通过传统的日本社会文化观念（心里的纯洁和有奉献精神）来进行社会交往的。传统的日本社会交际逻辑不会将人们限制在规矩的条条框框中，而是会肯定现实，不会认可虚妄，使人们向心灵的纯洁靠拢。古时候人们想要心灵清明，后来人们想要正直地做人，再后来人们就在不断追求人与人交际的诚意。日本在接纳融合外来文化的过程中也能体现日本文化的主体性。日本对其他地区的文化并不是全盘接收的，也不是被迫接受的，而是有选择地、有针对性地接收那些能够融入本国文化的外来文化，促进本国文化的形成与发展。日本不会吸收那些不利于本国文化的外来文化，也不会吸收违背本国文化宗旨的外来文化，而是会吸收适合本国现阶段社会文化条件的外来文化。日本吸收其他地区的文化体现的主体性有以下几点。

首先，日本融合外来文化体现出了这一过程的主导性。日本接触的他国文化都是在那个年代比较优秀的文化。中国隋唐时期的文化发展程度远超其他国家和地区的发展程度，这样优秀的文明吸引日本从各个层面学习中国当时的文化。在18到19世纪时期，西欧创立了资本主义，是全世界文明快速发展的地区，吸引日本不断地学习西欧的先进技术和资本主义经济文化。在第二次世界大战后，美国得到迅猛发展，吸引各个国家学习美国，其中也不乏日本。日本认真学习美国的政治制度和先进生产技术，还学习到了适合本国人民的生活方式。

其次，日本在吸收洽谈国家或地区的文化时，是十分挑剔的，必须要选取有利于国家文化发展的外来文化。日本自从开始吸收其他地区的文化，就一直在选取优秀的文化，不会接纳或学习那些文化糟粕。日本学习其他地区的文化都是学习世界范围内优秀的文化和适合本国的文化以及能够促进本国文化发展的文化。日本学习并融合中国隋唐时期的文化也是有选择的，只学习了中国优秀的生产技术和当时的政治制度，而没有接纳中国当时的科举制。因为日本在那时仍处于官位的世袭制，所以科举制并不适合在日本发展。在西欧文明高度发展的时期，日本学习了西欧当时的社会思想和政治制度，在本国实施明治维新，学习英国君主立宪制。但是日本的君主立宪制与英国不同，是因为日本天皇手中的权力远大于英国国王的权力。日本的第一部近代宪法就认可了天皇手中权力的统治性质。

日本吸收其他地区的文化时会与本国文化相融合。日本在吸纳其他地区的文化时，不是简单地接收那些文化，而是尝试将其与本国已有的文化融合起来。日本对那些新鲜的文化加以完善和整合，使其能够融入本国社会。日本学习了汉字，并通过汉字发展出了自己的文化。日本还将中国的儒学文化进行了改造，不像中国认为仁义是首位的，而是将"忠"这一精神放在首位，方便天皇治理国家。

最后，日本吸收其他地区的文化时还会保留本土旧有的文化。日本一直在学习并融合其他国家的文化，但是日本本土的文化经历了许多年的发展，不会轻易被抛弃。日本人一直按照旧有的传统思想生活和进行生产活动。日本会有意识地保护旧有的文化。日本还留着中国隋唐时期的文化，有些文化连中国都没有保护好。这就体现了日本文化保守性。

日本文化的开放性和主体性也使得日本文化比较复杂。日本的古今内外文化有着极其复杂的特征。日本国家中，天皇有着至高无上的权力，但是也有议会在辅助国家发展。日本人在平时，会吃西方的传统食物，也会吃日本本土的形态食物，会穿西装也会穿和服。

第三节 日本文化的对外交流

一、中日文化交流

（一）中日复交后的文化交流

在第二次世界大战以后，中日开始重新邦交。1972年9月25日上午，总理大臣田中角荣，外务大臣大平正芳、内阁官房长官二阶堂进以及随行人员正式访华，这也是日本首相第一次访问中国，中日邦交正常化恢复了两国传统的文化交流。

中日复交后，两国的文化交流首先体现在语言交流上。为减少交流障碍，中国做出了多方面的努力，比如许多广播电台举办关于日语的讲座，一些大学增加了日语专业，书店里陈设了更多关于日语学习的书。中日双方不停地举办大型展览，让两国人民更深切的交流。比如中国出土文物展览会于1973年春在东京开幕，引起日本人民极大兴趣，在东京展出的50天里，有40万人参观。

中日两国在文艺界的交流也显著增加。1973年春，成立的中日友好协会代表团正式访日，廖承志为团长，团员包括诗人李季、作家冰心、版画家古元、电影演员张瑞芳等文艺界人士。他们在各自领域都是翘楚，与日本文化领域的大家进行深刻的交流，是文艺界的盛事，也在日本朋友那里留下深刻印象。后期日本文艺界的河原崎长十郎、松山树子、清水正夫等成了访华的老朋友，还与中国的演员艺术家们同台演出。新制作座剧团作为日本颇具特色的剧团，来华访问时带来了日本风情的歌舞，还有表现日本青年生活的现代歌曲，受到了许多中国观众的欢迎。

在中日文化交流中，书法的交流是别具一格的。因为中日在汉字使用方面比较契合，双方都追求汉字的书法艺术，所以双方对书法的艺术交流是与其他国家的邦交没有的。日本的书法是从中国传过去的，且一直模仿着唐代书法的字样，直到14世纪以后，才摆脱"唐样"形成自己的书写风格。日本历史上杰出的书法家空海、桔逸势都曾到中国长安学习书法，且中日在书法的交流也一直延续着。正式建交后，两国书法交流更加活跃，多次互派代表团访问。中国也在日本举行了现代书法篆刻展览，将中国的新的篆刻技术和现代书法的进步都展现在会上。两国在书法上的交流令双方都受益良久，也促进了双方的友谊，加深了部分人之间的联系。

在中日体育界人士的努力下，双方在体育方面的交流也逐渐深入。在建交后一年内，双方在足球、排球、羽毛球、乒乓球、体操、速滑、冰球等多个项目中派出二十几个代表团，可见双方对于中日友好关系的重视。体育文化间的交流不仅只有运动员，还有许多体育运动的专家和组织者，业余体育爱好者等，大家交流运动技巧也毫不吝啬自己的经验分享，增进了青年之间的友谊。除了常见的体育项目，双方还对相扑、围棋、武术等古老的民间体育项目进行交流，也为中日友谊增添了美好的情趣。

在中日复交的历史潮流冲击下，两国科技交流的大门被打开。建交后，中日双方在农业、医学、生物、化学、建筑、印刷、工业标准化等许多领域进行了交流，也为中日科技发展搭起了共同进步的桥梁。两国科技界都希望能扩大交流，因此1977年12月，日本的科学家带领科学界人士在东京成立了日中科学技术交流协会，吸引两国科学家踊跃参与。随着中日友谊的发展，贸易和经济合作越来越多，工业技术的交流也越来越引人注目。1978年10月，成立了工业技术文化中心，为中日双方在工业技术方面的交流提供了固定的渠道和场所。

1978年7月21日，中断三年之久的中日关于缔结和平友好条约谈判在北京重启。10月23日在东京正式签订了中日和平友好条约，两国关系进入了新的台阶。1979年，在日本时任首相大平正芳访华时，中日商定并签署了文化协定，将两国的文化交流提升到政府层面，比以往的民间交流更进一步。文化交流的发展突出表现为中日人员往来的增加，文化界的大咖都对双方表达了自己的欣赏，并主动要求了解对方文化。一些日本的作家、艺术家专程到中国来收集素材，并将这些素材进行加工创作。中国的艺术家也与日本的艺术家进行恳切交谈，交流彼此灵感，进行思想上的碰撞。著名作家井上靖对中国西北地区丝绸古道沿途的自然风光和中古文化十分感兴趣，创作了许多以中国为题材的小说。

两国艺术交流持续纵向发展，中日艺术家分别将两国的著名作品向两国人民展示。其中极具代表性的是老舍的作品《茶馆》改编的话剧和巴金原作、曹禺改编的话剧《家》，由北京人民艺术剧院和上海人民艺术剧院在日本进行展演。日本作家木下顺二的《夕鹤》和水上勉的《饥饿海峡》也由中国艺术家搬上舞台。两国各自的作品在其他国家都受到了热烈欢迎，中日艺术交流的领域也在不断扩大。1984年10月，日本中国曲艺鉴赏访华团在北京、天津考察了中国的大鼓、相声、快板等曲艺项目，在苏州、上海访问了评弹艺人。在影视方面的交流表现在双方多次联合举办电影周、电影节活动，也在电影、电视剧拍摄期间进行合作。比如《天平之甍》是讲述的鉴真东渡日本的故事，在摄制期间，中国艺术家们提供了许多帮助。在之后的邦交中，中日合拍了第一部电影《一盘没有下完的棋》，在两国上映后取得了不错的成绩。中日关系正式建交后，双方在体育、教育、科技领域的交流取得了显著的效果，都给双方带来了巨大的进步。

（二）中日文化交流的特征

日本的文化拥有永不满足、内驱力强劲，善于探索外界，学习吸收，消化力强的特征，中国文化倡导仁、义、礼、智、信等美好品格。日本与中国的文化是一宗同源的，在日本的中古时期，就开始学习中国文化，并不断吸收和融入唐朝的政治制度和文化思想，也一直将中国文化放在重要位置。当西方文化进入东方，日本开始吸收西方文化，并不断衍生出自己的新文化，形成独具一格的文化风格，甚至后面提出了"脱亚入欧"的文化政策。中国也以自己博大的胸怀容纳着各国文化的融入，并继承着优秀的传统文化，秉承着大国风范。

1. 中日文化相似

中国和日本的文化同属于农耕文化，日本的农耕技术是由公元前后中国大陆的"渡来人"带去的，当时的中国大陆是强盛的，并主张开放，与外界进行文化技术的交流。农耕技术主要是开发农业，种植水稻，将吃食放在重要位置。双方同属于东亚儒家文化圈，以求善为目的，追求仁德，以伦理道德为主导价值。在政治体制上，都属于中央集权的专制政体。

2. 日本文化是中国文化的延伸

中国与日本的文化是同质文化，双方的文化一宗同源，日本文化是吸收了中国文化后的存在。中国的文化是核心，是传播的源头，日本是文化的接受地，是中国文化的延伸。当然，不可否认日本在吸收了中国文化后也在不断发展，将其融会贯通并发扬光大，双方可以在同样的文化中感受彼此的进步。

3. 日本对文化进行改造

日本在接受中国文化后，根据自身的文化特色将中国传统的儒家文化进行多方面的改造。第一，双方对于礼与耻观念的不同。中国一直以来崇尚礼法，推崇儒家文化，而日本在接受这一文化观念时，将礼法的内核转换成知耻文化，甚至还有切腹自尽的文化存在。中国的礼强调等级秩序，包括君臣父子，尊师重教，角色等级鲜明。而知耻是一种态度，通过思想上的反省，对于自我有道德的要求，不断约束自己，不致犯下错误。第二，双方对于孝和忠观念的差别。中国文化中，伦理的内核是孝道，以家庭为小单位，以血缘亲情为约束，要求人们尊老爱幼，对家长尽孝道。而国家和社会是放大的家庭，在家中尽孝，在社会中尽忠是中国自古以来的传统美德。日本文化将忠放在了首位，并没有全盘接受中国文化。日本的社会组织大都是株式会社，是扩大版的家庭，是社会集团，所以将孝暂居其后，将尽忠贯彻到底。第三，对佛学的理解。日本民族接受佛教的文化传播时，也结合自己国家的人格神天皇作为释迦牟尼派来的救世主，将传播而来的儒学、佛教、神道结合起来，融入自己的文化，一起膜拜。

二、美日文化交流

（一）1945 年后美国对日本文化的主要策略

1945 年后，美国成立了美国教育视察团，想要对日本进行文化教育改革，美国针对日本文化改革的政策及实施，主要通过两个组织机构即民间情报教育局和美国教育使节团，并由两个机构提出相关政策性建议与报告。

1947 年 3 月，日本制定了新的教育基本法。教育法强调，教育应该以完善人格为目标，将国民培养成身心健康、有自己的人格观念、道德价值，追求真理和正义，对自己负责，追求独立创新的人。在教育制度上采用六三三四制，即六年小学、三年初中、三年高中、四年大学。正式施行九年义务制，让学生在小学能得到真正免费的教育，实现男女同校，让女孩拥有同样的受教育权利。在面对有身体缺陷的孩子时，同样设立聋哑学校等特殊的学校机构，来进行正规培养，并制定相关规定，保障学生的受教育权利，这是教育界的一场大变革。

美国通过大量媒介手段促使日本人接受更多的美国文化，将美国的书籍进行翻译并不断在日本出版，将美国的文化间接传输到日本。同时，在日本的各种渠道提供电影、电视节目、新闻报道等各种资料，以这种全面铺展的方式进行美方文化的全面输出，将日本拉到自己阵营，输出自己的文化，达到自己的政治目的。

1952年，约翰·洛克菲勒结束在日本的探访，回到了美国，并递交了一份关于美日文化关系的报告书，书中展示了文化交流的重要性，并指出举行相关举措在日本的作用，希望能继续深入，在日本国民心中塑造美国文化的深刻印象，将少数知识分子的思想牢牢抓住，并提出了五个计划案。第一个计划是将文化交流制度化，制定更多的文化交流项目。第二个是在美国各地设立供在美的日本留学生、研究者、教师与其他国家交流的"国际会馆"，大家围坐在一起，一起交流各自的思想，并分享国家的特色文化，大家一起学习美国的思维方式和生活方式。第三个计划是与日本领导人等高层进行文化交流。第四个是在日本推行英语教学，这是文化交流的重点项目。开设英语教学班，将英语运用到日本人生活的方方面面。第五个是对日本进行资料书籍的输出，美国将带有自己文化特色的书籍免费赠送给日本，这一举措不仅赢得了日本人的感激，也让美国文化更加深入日本文化教学。这五点充分体现了美国政府对于日本文化的攻势，企图用美国文化同化日本，吞并日本文化。

(二) 1945年后日本对美国文化的吸收

1. 教育制度

教育方面，日本重新编撰了新的历史教科书，开设了社会科教育。日本接受了美国的改革建议，学校采用的六三三四学制，重新编纂了教科书，并增加了英语教学，对日语教学进行改革，实行男女同校，进行教育法制的改革，并颁布了《教育基本法》。法制中强调尊重个人尊严，教育应该以培养健全的人格为责任。培养学生热爱真理和正义、尊重他人、有责任心，积极为社会做贡献，保持身心健康，以建设美好社会为目标，认可国家政策。此外，还设立了教育委员会，保证教育的公平性，自主管理公开的事物。

2. 实行农村土地改革

日本经济结构出现变化，为了更加民主化，对农村土地制度进行改革。

1946年，公布的农村改革方案中规定，地主手中的土地必须限额，手中超过限额的土地主将手中土地出让，给佃农耕种，至此土地不再只是地主的私有物，可以让更多人分得土地，靠自己的双手双脚吃饭。佃租也进行了改革，改用货币缴纳，并降低了佃租，降低了佃农的负担。经过这次改革，农村发生了翻天覆地的变化，也给了部分农民喘息之机。但在山林原野和水利方面还有些问题需要解决，一些山林地主通过收取割草、砍柴的费用来剥削农民，让部分农民难以过活。

3. 制定工会法

日本政府拟定了《工会法》，并于1946年3月正式实施，工会也开始合法化。第二年又颁布了《劳动基准法》，用法律的途径给予劳动者的劳动环境和权利的保障，并为后期大批工会的建立奠定了基础。

4. 美国文化的广泛影响

日本在明治时期就开始受到美国文化的影响，1945年后日本开始了对美国文化更大规模的吸收。从学问方面来看，明治时期，日本学术界开始推崇德意志观念论，这种观点风靡一时。1945年后，美国的"社会心理学""文化人类学""舆论调查"等学科开始在日本流行，民众开始接受美国学风的渗透。由于社会调查的盛行，日本学术界的研究重点从哲学转向社会学和心理学，由训诂主义和文献主义转向实证主义。随着后期经济复兴和几次科技革命，美国的分析哲学和逻辑实证主义开始受到日本重视，并结合自身特色进行演化发展。此外，马克思主义思想也在日本的思想领域占有重要地位。许多专家学者受到马克思主义思想的影响，结合自身领域做出了非凡的业绩，如政治学专家丸山真男、经济学专家大缘久雄、社会学专家福武直等。1945年后，美国的流行歌曲也影响了日本，美国流行歌曲的旋律谱入日本的民谣歌词，得到许多翻唱。1947年后，日本音乐界开始成为喜欢摇滚乐和爵士乐的人的天堂，喜欢古典音乐的人数也在攀升。

5. 美国生活方式的影响

1945年后，美国通过各种媒介向日本渗透美国文化的计划得到了很大进展，日本在衣食住行等各方面都开始发生了转变。过去的日本女性多穿和服，后来也开始跟随美国人穿比较日常一点的衣服，和服成了只在节日、庆典等重要场合偶尔的穿着。过去日本传统的早餐是米饭加酱汤，主食主要是大米，米饭占比在86%，后来受到影响开始变成面包加黄油的西式早餐，且面包和面类食品的占比一直不断上升，1959 年已占主食的 26%。住房方面，开始改变原有的吃居一室的生活方式，建造餐厅厨房与居住室分开的新式住宅，也改变了在榻榻米上进食的习惯。美国的生活方式和文化的入驻，影响日本人生活的方方面面。

第二章　日本社会生活文化

日本社会生活文化独具特色，其社会制度文化、节日文化、饮食文化共同构成了丰富的社会生活文化，本章将从日本的"家"制度与"纵式社会结构"、法定节日与年中行事、料理这三个层面分析日本社会生活文化的特点。

第一节　"家"制度与"纵式"社会结构

一、日本社会的"家"制度

(一) 日本"家"制度的具体特征

1. 母权制色彩浓厚

生产力水平的提高以及大陆文明的传入使得日本逐渐由原始社会进入阶级社会，新的国家体制就此出现。虽然文化的发展会受大环境的影响，但它也具有自身独特的发展规律。从哲学的角度来看，这是社会意识相对独立性的体现，社会存在决定社会意识，而社会意识具有能动性以及一定的发展规律，社会意识具有历史继承性，它与社会存在的发展不是完全同步的。所以，日本原始社会的母权制在其进入阶级社会以后并未完全消失，这种文化传统早在原始社会时期就进入了日本人的血脉中，成为一种文化基因，仍然对日本社会的风俗礼仪、民族心理等具有重要的影响。比如说，日本在4世纪以前的"妻问婚"婚姻制度，具有鲜明的母权制色彩，4世纪后母权制受各种因素影响逐渐衰落，即使是在后来父权制开始盛行之时，妻问婚制度仍然占据着重要地位。再比如，在封建社会以前，日本继承制度的默认准则之一是男女平分。

2. 血缘观念相对较弱

与中国相比，日本的血缘观念相对较弱。中国有一个词"亲疏"，自西周时期就已出现，通常来讲，中国社会绝大部分民众是按照远近亲疏原则交往的，这种原则不是刻意约定的，千百年来形成的相同的文化心理引导着人们，使其养成相同的行为习惯。与中国不同的是，日本同族同姓的传承观念相对较弱，其"家"制度不仅适用于具有血缘关系的家庭生活中，还适用于社团、企业、行业、地缘关系等。以传统中国文化视角来看，嫡长子继承制影响深远，如果家中失去具有血缘关系的男子，那么这个家就面临分崩离析的危险；但以日本的文化视角来看，倘若家中没有直接血缘关系的男子，为使家生存延续下去，人们往往会跳出血缘关系的范围寻求一个新的"继承人"，这个"继承人"可以是从者、弟子、家臣。基于此，与其说日本的家是一种血缘团体，不如说日本的家是具有一定范围限制的社会组织，非家族成员与家族成员都被包含在内。

3. 严格的"本家""分家"关系

受父权制的影响，日本的"家"确立了长子继承制。在此制度下，家业由长子继承，其兄弟关系与中国的"兄友弟恭"相比，更强调责任与权利的严格划分。兄长继承家业之后就变成家长，成为本家，结婚并能够独立生活的弟弟们则成为分家。在两者的经济关系中，本家支持着分家，将土地、资金等借给分家从而使分家能够开展经济活动以维持生计，因此本家对分家仍具有领导权。在两者的情感关系中，长子因其为本家前身自小就受到弟弟妹妹的敬重，对弟弟妹妹具有领导权。这种长子继承制是有关兄弟关系的权利与义务的统一体：分家享受本家的资助与支持，但必须要以本家为领导；本家享有对分家的领导权、对财产物资的分配权，但这些资产必须惠及家庭而非一人占有。

由此可知，在日本的"家"制度中，"家"的构成具有人为色彩，是一种模拟血缘团体，一种共同居住团体，也是一种经济活动经营团体，类似于"财团"。出身与血缘并不能成为"家"成立的唯一依据，相较于人而言，家才是制度中最核心的部分，家成员为了家族的延续必须付出努力，无论有没有血缘关系，只要加入了"家"，就必须各司其职，按部就班地从事各自的经济活动。从这个角度来看，日本的家更像一个企业，能够容纳任何符合条件的、没有血缘关系的成员，家中的人际关系比家外人际关系更加重要。

（二）日本现代社会中的"家"制度

日本的"家"制度在现代社会仍占据着重要地位，影响深远，日本企业强调"爱社",认为企业职员就是家族成员、企业即人等,这些观念都表现了鲜明而浓厚的"家"色彩。在日本企业内部,职员与所属企业之间的契约关系实际上是一种类似姻缘关系的人际关系,职员是这个集体的一部分,因此,与职员相关的、亲近的成员也可能被看作这个集体的一分子,这种企业状态就是日本所称的"企业全包"。企业经常会开展员工集体活动,比如旅行、赏花、运动会等。企业关注员工私人生活,上司为下属做媒的情况时有发生。共同的集体活动经历会加强人们心中对所在集体的认同感与归属感。日本企业以家制度观念运行,在其一系列实践后更强化了日本人心中的家本位文化心理。这种传统文化心理有利于加强职工之间的交流与互动,有利于增强企业集体凝聚力,生活工作的界限逐渐消失,企业文化会渗透到与职工相关的民众生活中去,从而扩大影响力;另一方面,在家本位观念影响下,企业内部上下的一体感可能会带来自我封闭的不良效果。

日本的家制度不仅影响着本国企业运行机制的形成,而且影响着社会生活的方方面面,日本企业的运行机制作为家制度在社会团体中的一个缩影,深刻反映了"家本位"思想对日本社会的深远影响力。其他行业,如医药、农业、工农等,都同商业一样,有着全国性的联合体或者结构组织,比如医师会、工农联合体、农协等,甚至这种社会习惯的影响已经扩散到了政治领域,具体表现为党派对立。

日本人在交往互动时具有极强的直接性特征,他们习惯与同处于一定范围内的社会人士直接交往,换句话来说,他们的交往具有极强的地域性特征,这种特征的根源正是日本的"家本位"思想,虽然此种思想产生时的经济基础已经发生天翻地覆的变化,但它仍然随着历史的演进延续了下来。另外,由于格外注重地域性交往,导致日本人的社交明显缺乏社交性,他们不善于和限定范围以外人交流。

(三)日本传统技艺传承中的"家"制度

在传统艺能界,比如茶道、花道、曲艺、香道等,日本的家制度也发挥着巨大作用,具体来说,表现最为突出的当属"家元制度",它是日本社会的一个缩影。在日本人的传统文化观念中,技艺是氏族神留给后人的财富,具有极强的神秘色彩,因此,技艺的继承人选择就变得极为重要,而被选择的继承者就被称为"家元"。家元制度的特征如下:第一,一般来说,家元的选择遵循世袭继承原则,强调继承者应该有正统血缘、技艺,技艺的创立者可以收很多徒弟,但只能将门内的技艺绝活传给家元;第二,家元的角色、地位类似于前文中所提到的"本家",家元拥有对众弟子的领导权,在门派内享有最高地位,而众弟子对于家元的服从不仅体现在行动中,更是体现在心理上的,他们对饱含神秘色彩的传统技艺具有极强的崇敬之情;第三,有的日本技艺只在固定群体中传授,比如村落等,这也是家元制度的一种反映。

家元在门内拥有至高无上的地位,教授许可证的颁发流程就是很好的证明。在家元颁发给门内弟子教授许可证之后,门中弟子才能向他人传授技艺。而且,许可证是有等级之分的,最高级别的教授许可证会花费一定费用,申请某些最高级别的技艺传教授许可证可能还会花费巨额费用。

二、日本的"纵式"社会结构

(一)"纵式"社会结构与"横式"社会结构

从宏观的角度看,人类的社会结构可以分为纵式社会结构与横式社会结构两种。纵式社会结构具体表现在父辈与子嗣之间、教师与学生之间、总部与分公司之间等具有"上下级"特征的人际关系中,而横式社会结构则表现在兄弟姐妹之间、同事之间、同窗之间、各个分公司之间等具有平等特征的人际关系中。这两种社会结构贯穿整个人类社会,其具体形态又受到多重社会条件的影响,一定区域范围内的社会呈现横式结构、纵式结构相平衡的局面,又或者呈现出其中一结构起主导作用的局面。中世纪的欧洲就是一种典型的横式结构为主导的社会类型,各个社会阶级之间有明确而严格的界限,统治阶级与被统治阶级之间不能通婚,甚至不能共同生活,人们的社会活动以横向交往为主。日本社会则与之相对,主要以纵向人际交往为主。

(二)日本"纵式"社会结构的特点

1. 等级森严

日本的社会结构在包含着严格的等级与身份界限,等级划分标准包括年龄、加入集体的年限、社会地位等等,处于社会中的各个群体内部的个体都按照一定的台阶式序列体系排资论辈。这种等级制度并不像传统的封建社会等级制,日本民众一般不存在阶层歧视、职业歧视心理,等级与等级之间也是相互联系的,与泾渭分明的中世纪欧洲社会截然不同。可以说,日本的等级制度更像是一种扩大了的家族制度,例如在企业中,直属下级对上级来说就像是后代、小辈亲属,上级除了督促下级工作,还可能介入下级的私生活,如前文中所说的给下属介绍相亲对象。需要强调的是,日本纵式社会结构的等级划分面向全体日本民众，这种等级制度是无可逃避的。

2. 单一性

日本"纵式"社会结构的单一性主要体现在四个方面，即人际信息传递渠道单一、人际活动形式单一、人际关系核心单一以及单一集体意识。

在日本企业中，跨级的人员之间信息交换功能较弱，一般情况下，最高级别的上司要想获得普通员工的信息，必须通过与处于两者之间的次级领导之间的沟通达成人际目标。从这个角度来看，次级领导的角色是极其重要的，如果次级领导没有及时沟通其上级与其下级的信息，那么整个事件进程就会被延误，员工与最高级别领导之间的联系也将中断。这种信息传递流程在一定程度上反映出日本纵式社会结构的人际关系，人与人之间的信息交流渠道比较固定、单一，各个系统内部人员只与自己的上下级发生直接人际关系，而系统内普通成员与领导者之间的信息互通则需要通过"次级领导"这样一个中间人角色来完成。

人际活动形式单一，是受人际信息传递渠道单一特点影响而形成的。在日本的纵式社会结构中，人与人之间的交流是层级与层级之间的交流，同等序列内的不同系统之间几乎不会交流，这种人际交往活动具有小集体单一性、主体单一性，时间一长，也容易形成闭塞的人际关系网，不利于整个社会的信息流通。

日本纵式社会结构中的单一核心关系决定了其信息传播渠道、人际活动形式的单一性，而这些又反过来加强了核心关系的单一性。不难看出，日本企业中的最高级别领导与次级领导的关系就是企业核心关系，普通员工可以发生变动，一外来者如果想加入企业，可以通过已在企业中的熟人来达成目的，原有成员为使其进入企业需要跟其他成员协商；但领导者是通过多重标准选拔出来的，最高级别领导与次级领导的关系结构不能被轻易地撼动，否则就有可能引起企业的巨变。以此思路映照日本的纵式社会结构，系统中的领导者与次级领导之间的关系结构十分重要，两主体之间信息沟通效率将影响到整个集体的运作。

日本纵式社会结构具有鲜明的单一集体意识，在一定条件下，不同系统之间的信息是不相通的，人们置身于纵式社会结构中，按照一定的序列标准按部就班地生活，这种单一集体意识增强了小集体内部的认同感、凝聚力。以日本企业为例，年轻人在入职时不能确定自己在哪个部门、从事何种工作，其工资标准与福利待遇并不完全按照所做工作的重要程度划分，而是按照年功序列制划分，在本企业内的资历是非常重要的企业内部层级衡量标准。许多日本人认为，在公司里干什么类型的工作并不那么重要，重要的是在哪家公司工作。

第二节 法定节日与年中行事

一、法定节日

（一）新年

在日本，一年之中最重大的节日莫过于新年了。人们大多会循例在年节时分向自己的亲友寄送贺年片，并且为让亲友能在元旦当日收获这份祝福，必须在节前投寄；此时，邮政部门也设有专门的投递制度，以确保贺年片的按时收悉。按照一般风俗，各单位也都会在年底举办带有慰劳聚餐性质的"年夜饭"。

（二）成人节

在日本，年满二十岁才代表着法律意义上的长大成人，因此，所谓的"成人之日"也就是专为那些正式步入大人世界的、年满20岁的青年而设。原本定在每年的1月15日，但从2000年开始遵循"Happy Monday"政策，被调整至如今的第二个周一，以便与周末休假形成一个"三连休"。

（三）建国纪念之日

按理说这应该是全年当中最为庄严盛大的国定假日，举国上下热烈欢度的一天，但事实上，日本的这个"建国纪念之日"绝非"建国纪念日"，并不具备类似于我国"国庆节"的性质。这是因为，根据"记纪"神话中的记载，日本的首代天皇是在公元前660年2月11日即位的。为此，早在战前，便将每年的2月11日定为"纪元节"以纪念这位神武天皇，并且出于发动对外侵略战争的需要，利用这一节日大做文章，大肆宣扬天皇"人神化"以蒙骗日本国民。1945年日本战败后，"纪元节"被废除，直到1966年才得以恢复，改称现名。虽然日本政府称恢复这一节日的目的是为了缅怀建国之日，培养国民的爱国情怀，但正是由于上述种种历史原因，对这个问题的认识在日本国内始终存在着两种截然相异的看法：一部分人大搞集会热烈庆祝，而反对派也同时举行抗议活动，表示反对日本走军事大国的道路，主张和平民主。

（四）春分日

旧称"春季皇灵祭"，是天皇祭祀祖先的日子，各寺院也会在这天举行佛事仪式。如今，一般家庭也会在这天祭祖扫墓，供奉应季的糯米糕团。这天也常被称为"彼岸式"。

（五）昭和之日

旧称"长天节"，专用于指代天皇的生日直至1947年；从第二年的1948年开始，改为直截了当的"天皇诞生日"之称（因昭和天皇的生日是1901年4月29日）。在绝大多数日本人心目中，昭和天皇对大自然十分热爱，在位期间每到各地巡视都要亲手栽种树木。1989年昭和天皇去世后，为纪念他对自然的真情，便将原来的"天皇诞生日"改成了"绿之日"，鼓励人们走进自然、亲近自然、感恩自然。经历了2007年国定假日的重新调整后，再次改换名称为"昭和之日"，同时也由此正式拉开了黄金周的序幕。

（六）宪法纪念日

为纪念1947年5月3日《日本国宪法》的正式实施而设。因为该宪法的出台代表了日本作为一个民主化国家的新生，所以，这一天在广大日本国民的心目中也就占据了如"国庆"一般的重要地位。

（七）绿之日

5月4日本不是假日，但因夹在两个"祝日"之间，为了便于广大国民的黄金周安排，先是在1985—2006年间以"国民休日"的形式成为"黄金周"的一环，直到2007年以后才有了正式的称谓——"绿之日"（1989—2006年间曾用来指称4月29日的"祝日"），名正言顺地具备了"国民祝日"的法定资格。

（八）儿童节

现在除了表达人们十分重视儿童的身心发展，祝愿他们能健康成长之外，同时也有向母亲们表达感谢之意。说到5月5日，与之相关的民间传统节庆似乎更加广为人知，最出名的要数男孩节和端午节了。与3月3日桃花节是女孩子的节日一样，5月5日端午节作为男孩子的节日也非常热闹。这天家家户户会在室内摆设武士模样的小偶人或盔、甲等武器模型，希望孩子长大后能像武士那样强壮勇敢。屋内悬挂日本的"金太郎"像或中国的"钟馗"像以避邪。此时最具标志性意义的饰物当属飘扬在各家屋顶或院落中的鲤鱼旗（家里有几个男孩就挂几面鲤鱼旗）和七色彩旗，这是"端午节"传入日本后被本地化而形成的独特风俗。

（九）海之日

作为一个四面环海的岛国，日本自古以来就蒙受了大海的无尽庇护。为了祈愿日本作为海洋国家能够繁荣昌盛，1941年开始择定每年的7月20日为海之日；当时之所以选定此日，是为了纪念明治天皇在1876年乘坐大型战舰"明治丸"赴东北地方巡幸后，于当年7月20日平安返回横滨港。二战结束后，由于这一节日与日本军国主义间的难解之缘，被明令废除。为了保护海洋和环境，同时也为了表达对大海的感恩之心，从1996年起又将其重新定为全国性的法定节日。从2003年开始，遵循"Happy Monday"政策原则，被调整为现今的弹性模式。

（十）敬老日

原本固定在9月15日的"敬老节"是从1966年开始被择定为全国性假日的，以感谢年长者对社会做出的毕生贡献，并祝愿他们健康长寿。同样是从2003年开始，遵循"Happy Monday"政策原则，"敬老日"被定为现今的弹性模式。

（十一）秋分日

旧称"秋季皇灵祭"，是天皇秋季祭祖的日子。与春分习俗相似的一周"秋之彼岸"，同样要扫墓祭祖、供奉应季的糕团食品。

（十二）体育日

为了纪念1964年东京奥运会的胜利召开，日本政府便将其开幕的日子——10月10日定为了"体育节"。以热爱体育、促进国民身心健康为目的，每年的此时都要举行各种振兴体育的活动、运动会等。与成人节相同，自2000年开始被调整为如今的弹性模式。

（十三）文化日

11月3日在明治时期作为"天皇诞生日"而被称为"天长节"，昭和二年（1927年）后改称"明治节"，以"缅怀明治天皇的圣德"。后又曾作为1946年11月3日《日本国宪法》公布纪念日。直到1948年开始作为对文化事业有卓越贡献的人授予"文化勋章"的日子，被确定为全民休假日。在此前后的一段时期里，人们广泛开展各种文化活动，如举行展示会、搞文艺会演、要求学界精英开设讲座等等。

（十四）勤劳感谢日

旧称"新尝祭"，原为天皇向天地神明供奉新米并亲尝新米的日子；如今，作为国定节日全民休假1天，以歌颂勤劳、庆贺丰收。

（十五）天皇诞辰

庆祝当今天皇的诞辰（1933年12月23日）。这一天，天皇和皇后会在皇宫接受国民的参拜与祝贺。

二、年中行事

（一）节分

2月3日立春前一天谓之"节分"。按照传统习俗，这天晚上要举行驱魔纳福的仪式：口念"鬼在外"之时将豆子撒向屋外，诵念"福在内"之时则将豆子在空中抛撒开来。据说像这样撒豆是为了免除病疫、祛除不祥；如果再能够拾取并吃下与自己年龄相当数量的豆子，便可保一年身体健康、无病无灾。如今，在忙碌紧张的都市生活中，人们多聚集在当地有影响力的寺院神社之中，延请社会名流（尤其是文体明星）集中撒豆，为众人祈福。

（二）情人节

在日本，这一天是女孩子们向心仪对象主动表白的日子，巧克力便成为最具标志性质的甜蜜象征。近年来，又流行起所谓的"义理巧克力"（向周边的男性同事等赠送的纯礼仪性质的巧克力），以区别于原本旨在"告白爱意"的"本命巧克力"。

（三）女儿节

三月三日是日本的"女儿节"，又称"雏祭"或"桃花节"，是日本一年中最重要的五大传统节庆之一。这一天，举目之处都可以看到身着和服的日本妇女，像一朵朵桃花开在街头，仿佛在提醒匆忙之中的行人春天已经来临。神社里这一天通常都有禊祓除厄的活动，而一般有女儿的家庭，更会摆起"偶人坛"，并制作菱饼等节日食品来为自家的"千金"祝贺节日。

说起这个节日的渊源，实际上和中国古代的上巳节有着密不可分的关联。依照日本典籍的记载，早在一千多年前，上巳节便已传至日本。当时的日本人不仅在这一天也和中国人一样禊祓除邪，而且仿效晋人一样设"曲水之宴"，创作并吟诵汉诗；同时受中国古代星辰信仰的影响，还在阴历的三月三日举行"献御灯"的活动。这些节俗活动经过一千多年的发展演进，最后形成了今天日本的女儿节。

偶人坛架上通常有多层台阶，上面铺设着红地毯。偶人坛架的摆设各个家庭可能略有不同，简单的只有三层，复杂的要达到七层。内容上最为常见的是宫廷式：最上层通常是王和王后，第二层是三个女官，第三层是五个宫廷乐师，第四层是左右大臣，第五层或更底层则摆放着平安贵族的仿真家具和道具等；此外，复杂的还有左樱右橘、雪洞（用于茶室的一种照明灯具）屏风、香车彩轿、方箱长柜、梳妆台、针线盒、剪子匣子，再加上表示供品的年糕、酒、果子等，华丽非常。

在这一天，女孩子们会穿上漂亮的和服，邀来自己要好的伙伴，一起围坐在偶人坛架前尽情地分享美食、嬉笑玩耍，愉快地欢度一个温馨而又美好的节日。

（四）白色情人节

作为对 2 月 14 日情人节的回报，日本的商家——尤其是糖果制造业的厂商们，在利润丰厚的市场效应下，别出心裁地推出了所谓的"白色情人节"，以创造出又一个消费奇迹。

1980 年 3 月 14 日，在日本全国饴果子工业协同组合（简称"全饴协"）的大力推动下，首开白色情人节促销之先河。至于之所以定名以"白色"，盖因制作糖果、糕点之根本——"砂糖"，悉为白色之故。

但不可否认的是，作为对情人节的回报，白色情人节更偏重于礼物的高价昂贵，甚或曾有女性杂志公开宣扬"以 3 倍的资金投入来选购（白色情人节礼物）是体现绅士风度的一种基本礼仪"。

（五）赏樱花

每年3月末至4月初的"花见"是用来形容赏樱盛况的专用名词；而日本的学校体系、社会机制等多始于四月，烂漫樱花恰逢其时的盛开怒放也就成为昭告这一新开端的最佳信号。

（六）中元

"中元"本指农历的7月15日，而在日本，由于此时正值一年两度集中发放奖金的时期之一，所以，也就逐渐形成了自6月中旬至7月上旬互赠礼物以表心意的习俗。所送礼物多为食品或日用品，在此期间，商家更会特设专场，为顾客提供一条龙服务，礼物配送也大多由快递公司代劳。

（七）七夕

7月7日的"七夕祭"显然是在中国"牛郎织女"民间传说的基础之上发展而来的，但也已发生了不小变化。如今，人们多在竹上饰以彩纸、小工艺品等，开符日的心愿写在短册上挂于枝头。近年来，各地商家也开始越来越意识到其中的无限商机，顺势大炒所谓的"七夕大促销"，其中尤以仙台市、平塚市两地最为出名。

（八）盂兰盆节

盂兰盆节本为佛教法事，出自《盂兰盆经》中目连救母的典故。目连依照佛旨设"盂兰盆会"，使亡母脱离苦海。后来，世人也开始仿行，设斋供僧。现在，这一节日已成为日本民众祭奠祖先亡灵的重要年俗活动；同时在大部分地区已改在阳历7月13日至15日举行，但在人文积淀深厚的近畿等地仍沿袭传统农历，在阳历的8月中旬展开。

如今，日本的盂兰盆节多以15日为中心，前期叫"宵盆""迎盆"，后期称"终了""末盆"。13日是迎接日，家家户户从傍晚时分开始挂起书有家徽的灯笼，点燃用茅搓成的草绳上坟请回先祖的亡灵后供奉在家中所设的"盆棚"之上，再奉上各色供物、香烛，称"迎火"；期间多延请僧侣在灵前诵经念佛，虔心供养；16日夜，再将先祖亡灵原路送回，称"送火"。像京都的"大文字"火便属于这一习俗中最负盛名的一幕。

在此期间，无论是城市还是乡村，最令人津津乐道的则非"盂兰盆舞"

莫属，人们身着夏季和服载歌载舞欢度节日，尤其是发源于四国的"阿波舞"更是脍炙人口，世所共知。

（九）烟花大会

在日本，由于夏季多高温潮湿天气，漫漫长夜难眠，身穿浴衣的一家人聚在一起燃放烟花遂成了最受欢迎的纳凉节目。如今，在生产厂商的大力推动下，各地纷纷举办规模不一的花火大会，像东京隅田川上的绚烂夜空便是当地居民消暑度夏所不可缺少的最佳保留节目之一。

（十）赏红叶

9月下旬开始直至11月上旬，像京都岚山天龙寺等以枫叶著称的风景区都会迎来络绎不绝的如潮看客欣赏那色彩斑斓的惊艳秋色，这便是堪与春天时的"花见"赏樱相媲美的赏枫习俗，也是"红叶前线"等热门信息经常见诸报端的季节。

（十一）七三五

每年的11月15日，年满3岁、5岁的男孩和3岁、7岁的女孩多会身穿和服，由家长带领前往神社参拜，以祈求神明保佑孩子的健康长寿，称"七五三"。这一节日之所以局限在某一特定年龄上，是因为按照日本的传统习俗，不论男童、女童，年满3岁以后就算从婴儿期进入到儿童期，可以看成是生长发育的一个阶段性标志；而男孩子到了5岁才有资格着"袴"（一种宽腿裙裤，为男式和服的基本款），女孩子也只有年满7岁后才正式穿着和服。

第三节 独特饮食——日本料理

一、日本料理的内涵阐释

"日本料理"，按照字面的含义来讲："料"包含着计量；"理"包含着盛器，就是把料配好的意思。日本菜系中，最早最正宗的烹调系统是"怀石料理"，其是与"茶道"一起发展起来的。经过几百年的演变，现在"怀石料理"作为一个古老的地方菜，其特点是在菜的烹制方法上，一直采用古老沿袭下来的方法和程序，尽量保持原材料本身的原色原味，而原料上以鱼和蔬菜为主，每个月要有时令季节中有代表性的鱼和蔬菜。因此，每个月的菜单也是完全不一样的。

二、日本料理的用料特点

日本料理和中国菜肴仍有很多不同的地方，其中有些差别还很大。在用料上，虽然两者都拥有"水陆八珍"，但因地理及习惯，会各有侧重。日本是个岛国，海域宽广，海产品十分丰富，菜肴中自然以海产品居多，也因此产生了颇多料理法和著名菜式。

如果稍微注意一下，就会发现日本人的菜谱会经常出现海鱼、海苔、贝介类等。海鱼中常用到的是鲷（在日本人眼里，这个鲷主要指那些较扁身的鱼）、海参、鸡鱼、鲈鱼、鲐鱼、鲆鱼、鳗鱼、鲅鱼等。贝介类常用的是虾、蟹、鲍鱼、瑶柱、带子、蚬、蛏、墨鱼之类。海藻如昆布、紫菜、海苔，羊栖菜、裙带菜等。

蔬菜在日本料理占相当大的比重，与西洋以肉、乳、蛋为主者有很大的不同。日本料理中常用的蔬菜是椰菜、萝卜、玉豆、菠菜、茼蒿、大白菜、马铃薯、甘薯、芋头、倭瓜（日式南瓜）、茄子等。值得注意的是，日本人大量采摘乃至种植野生植物入菜，最常见的如牛蒡根、土当归、款冬藤、蕨菜、珊瑚菜、百合根等。不过，无论园菜野菜，日本人通称为"野菜"。

日本料理既较多用到鱼，自然就常使用香辛料来祛腥、除异味、解毒。除了姜、姜芽、大葱、蒜、辣椒之外，还常用到红蓼、山葵菜、紫苏、鸭儿芹、芥菜籽等。他们的酱汁，也常需加入香辛料。一般来说，他们很喜欢生用。中国菜中习惯用的桂皮、八角、花椒、草果等干物香辛料，日本料理中有时也会用到，但很少。

蕈类也是日本料理中常用的材料。日本的食用蕈品种很多，除冬菇、蘑菇外，还有玉蕈、松蕈、岩蕈、朴蕈等。此外，豆腐、豆腐渣、腐皮、粉丝、芋粉丝、葫芦干等，也是日本食谱中的常见材料。

三、日本料理的滋味基底

（一）酱油

16世纪时，日本有文献记载词语"薄垂""垂味噌"，后者是一种调味汁，从豆酱中分离而来，呈液体状，这种调味汁与如今的酱油极为相似；16世纪90年代末，"酱油"一词正式出现于日本的历史文献中——《易林本节用集》，这是辞书类的书籍。单从词语在历史文献中的出现时间来看，中国至少比日本早450年。在日本料理中，酱油发挥了不可替代的作用。[①] 味噌是酱油的前身，以煮熟的大豆为主原料，加入盐以及不同种曲，发酵得来。

日本的酱油分为两种——淡口酱油、浓口酱油。

淡口酱油在日本的关西比较受欢迎，目前的市场占有率较低。淡口酱油的制作工艺与一般酱油基本一致，重点在于处理好大豆与小麦，如果必要的话，应根据实际情况加入糖化的大米。淡口酱油比较适合用来制作清淡菜肴，它口味鲜美、颜色较淡，主要是因为发酵时间较短。淡口酱油的含盐量相对较高，比浓口酱油多10%。白酱油就是由淡口酱油分化而来的，其主要用来煮蔬菜、鱼，还可以用来做乌冬面，它在名古屋一带比较受欢迎。之所以叫白酱油，是因为它能够保持食物原本的颜色，制作原料以小麦为主。

浓口酱油就是人们日常生活中最常使用的酱油，目前的日本市场占有率在80%以上，在日本的关东比较受欢迎，尤其是江户一带，其酿造工艺与中国的酱油并无差别，酿造原料包括大豆、小麦、曲子、盐水，酿造期间需经历蛋白质、淀粉等众多物质的多次水解过程，还要经历蒸、碾、繁殖出菌、罐内熟成、过滤等程序，才能最终得到色香味俱全的酱油。浓口酱油与中国的老抽完全不同，老抽的颜色更深、浓稠度更高。如果将浓口酱油进行细分，可以按照功效的不同将其分为蘸用、烹饪用、凉拌用等。

除此之外，日本还有未经大批量生产的特色酱油，比如"溜酱油"，这类酱油的风味都十分独特。溜酱油的浓稠度略高于浓口酱油，其酱香与之相比也更为浓烈，是在"豆味噌"制造过程中获得的，更多地用于烧烤食物。

(二) 出汁

"出汁"也是日本料理中一个极其重要的调味元素。中文有时会将其翻译为"高汤"或"海鲜汤"。其实这两个译名都不是很妥帖，在中文中，高汤一般是指用鸡鸭猪牛等的肉或骨熬制出来的汤汁，海鲜汤的感觉是有很多海鲜食材的汤，而日语中的"出汁"与前者完全没有关系，与后者基本也不相同。"出汁"是日本人在长期的历史生活中积淀起来的一种饮食智慧的结晶。熬成汤汁的基本食材主要有鲣鱼花、昆布、沙丁鱼的幼鱼干等。鲣鱼是一种生长于

[①] 王婷，韩雪. 日本社会文化探索 [M]. 天津：天津人民出版社，2020：89.

热带或温带的透明度较高海域的鱼类。鲣鱼体长可达一米左右，背面呈暗青紫色，腹部为银白色，新鲜时的鱼肉呈暗红色。它被用来制作鲣鱼花。其基本制法是，将鲜鱼去骨去皮去头尾，纵向切成三段，蒸熟，然后在天然环境中晾晒，让它发霉，再晾晒，如此反复，直至坚硬如木头，然后去除表面的霉斑，将其用刨刀刨成木材的刨花状即可。鲣鱼花富含肌苷酸，具有独特的鲜味，被日本人用作提取鲜味的主要材料。昆布中文有时称为海带，因栖息的海域不同，形态和品质也各不相同，一般而言，在水温较低的北部海域，其宽度会比较大，肉质比较肥厚，因此北海道的昆布，尤其是西北部利尻岛附近海域捕捞的昆布，在日本最为出名。制作"出汁"时，将昆布晾干以后切成一段段，与鲣鱼花等一起熬汤，能增加鲜度。沙丁鱼往往是用盐水煮过以后晾晒成干，用来做汤或熬汤。

现在日本料理中的"出汁"，常常会加上干香菇，用来增加鲜味和香味。这样的"出汁"，用途极其广泛，乌冬面的汤，荞麦面的蘸料、"关东煮"等日本的各色"煮物"以及各种菜肴的调味料等，基本上都离不开"出汁"。

四、日本料理的烹调方式

日本料理在烹调方式方面，实际上也很多样化。大体上说有汁物、煮物、烧物、扬物、和物、蒸物、造等。煮物相当于中国的煮、烩、纹；蒸物包括蒸和炖；和物相当于腌拌；扬物就是炸。这几种烹调法，都和中国的烹调法大体相近。而汁物、烧物和造则非常具有日本特色。

汁物其实是带有食物的汤，而且常指有酱汁的汤，汤里的食物常通称为"实"。汁物是日本极普遍的传统烹饪和吃法，与广东人的"煲汤"有点类似，但又有着很大的差异。汁物是日日出现在日本人餐桌上的副食之一，有味噌汤、清汤、咸味汤等基本型，但味噌汤是日本人喝得最多的一种，只要吃饭，一般都喝此汤。

烧物有直接烧，如串烧、网烧，也有间接烧，如镘烧。直接烧近于烧、烤，不过一般家庭菜很少直接烧，而是买现成的居多，近来风行野外烧烤，也不算家常菜。串烧通常是日本人的得意之作。间接烧则近乎煎、炙。

造是日本特有的吃法，最有代表性，简单来说就是将新鲜的鱼贝类生切成片来吃。日本人用海鱼作鱼生，没有什么寄生虫，可能这也是鱼生普遍的一个原因。

五、日本料理的典型代表

（一）刺身

刺身是日本料理中最著名的一种。它将鱼（多数是海鱼）、乌贼、虾、章鱼、海胆、蟹、贝类等肉类利用特殊刀工切成片、条、块等形状，蘸着山葵泥、酱油等佐料，直接生食。刺身的制作有三大要领，第一材料必须新鲜；第二刀工要好，考究的厨师一般都会有5~6把专用的刀，可分为处理鱼类、贝类及甲壳类的刀，还可分为用于去鳞、横剖、纵剖、切骨等用途的刀；第三装盘要讲究，刺身的器皿用浅盘，漆器、瓷器、竹编或陶器均可，形状有方形、圆形、船形、五角形、仿古形等，并以三、五、七单数摆列，还可配以适合的名字。

（二）寿司

寿司是日本料理中非常具有民族特色的饮食。在江户时代的延宝年间，京都的医生松本善甫把各种海鲜用醋泡上一夜，然后和米饭攥在一起吃。这是当时对食物保鲜的一种新的尝试。在此之后，经过了150年，住在江户城的一位名叫华屋与兵卫的人于文政六年简化了寿司的做法和吃法，把米饭和用醋泡过的海鲜攥在一起，把它命名为"与兵卫寿司"，公开出售，这就是现在寿司的原型。日本现在的寿司基本以紫菜或海苔卷米粒与生鱼片、黄瓜、肉松、焦葱为主，配上芥末、辣根、酱油、醋。寿司因不同的制作方式与吃法有不同的类型，如箱寿司、盒寿司、卷寿司、押寿司、握寿司、散寿司等。

（三）荞麦面

荞麦面是日本特有的面食。荞麦是一种植物，荞麦和面粉混合，就能做成荞麦面。荞麦的营养非常丰富，日本忍者的应急粮食也是以荞麦粉和面粉为主要原料。不过，煮荞麦面时，荞麦的营养会流失到热水里，所以煮面的汤汁就被当成现成的荞麦汤来饮用。到店里吃荞麦面时，只要跟店员说一声，就能获得一碗免费的荞麦汤。喝的时候，可以依照个人喜好加一些调味料、葱、五香粉、芥末、海苔等。此外，西式糕点中的蒙布朗蛋糕，有时也被戏称为"荞麦面"。

(四) 天妇罗

天妇罗也是位居前列的日本料理。天妇罗的做法是将虾鱼贝类或茄子、洋葱等蔬菜的外层沾裹一层面衣（面粉）后，再放入高温油炸。吃天妇罗时所蘸的酱汁叫作"天露"。可以根据个人喜好，在天露里加入萝卜泥或红叶泥（含辣椒粉的萝卜泥）。

六、日本料理的礼仪习惯

(一) 器具布置

同台吃饭，日本人习惯上按人分份，饭碗、汁碗、向付（置于饭菜对面的器皿），预先装好摆在跟前，如果还有其他主菜，也分好份，或置于较远端，或先饭、汁置于跟前，食后撤去。如果是大盘、大皿装的料理作共用的，一般是切成每人一份大小，或切成入口大小排好，各人轮流以公筷取一份或组合一份置于自己跟前的向付皿里。

(二) 食用顺序

吃料理的顺序，普遍是先吃"突出"（餐前食），或是腌菜类及鱼生等，量不多，然后吃主菜，或者是用碗盛的汁物或煮物，或者是烧物、炸物，有时是寿司；接着是饭、汁物和餐后腌物，最后是水果或点心。当然，也因丰俭而增减，有时自始至终都有汁物。

(三) 食用礼仪

在接待客人时，主人预先约好客人，然后备酒菜，列好菜单，并缮写清楚。客人届时要准时抵达，或前或后五分钟左右，太迟不行，太早了，主人家忙于料理，反使其尴尬，也是失礼的。经主人迎入饭厅，需先搁好身边物品（手袋可随身），然后入席。传统的日本家庭，厅内有壁龛，壁龛跟前是正客席，以下顺次是连客席，不可坐错。主人则坐于近厨房的滑门旁。客人应先欣赏主人壁龛陈设，然后才就席，主人端上茶式冷饮、温甜酒，奉上菜单。开席时，主人以托盘（或平盘）奉出正客的膳具，包括盛好的碗、盘、小皿、筷，连托盘放下（如在叠席上，则客人双手接之，放于叠边，人在叠外），或直接排于桌上客人跟前。在主人说开饭后，客人起筷。起筷规矩，是右手执起双筷中央靠头处，然后左手反手托握双筷中央近端处，再以右手转下方来握筷。正确握筷方法与中国一样。吃"突出"，可以随意先后夹皿中材料，但最好是按冷热宜吃的先后，以赏主人殷勤之心。吃鱼生，先把芥末之类挑点和到一口量鱼生上，夹起蘸酱汁，再以纸承着滴汁而吃，也可以调好酱汁，端碗来吃。一般是交互吃配菜和鱼生，最后吃底配菜，吃烧鱼块之类，以筷夹断一块入口大小来吃；如果是整条烧的，就用餐纸以手按着鱼头，以筷拆去腹背鳍，把脊肉拨松，折断尾，然后压住胸鳍，连头带骨取走，以后便可夹断一口一口地吃。

有盖的汁碗、煮碗，以右手揭盖，翻过来，勿使蒸馏水滴于桌面，加左手两手捧边，置于碗侧。旧式正规需置手托盘右侧。煮物可以捧起碗来，夹断材料一口一口吃，也可以夹起材料，以纸承着滴汁来吃。吃时宜一浓一淡。汁碗则端起来，把吸口（如柚子、花椒芽）拨到跟前，让汁水流经吸口来啜饮。吃完了，放回原位，盖上盖。

对于炸物，则是一件件夹起，蘸了酱汁后，以纸承滴汁进食。无论吃什么，应先观赏一下材料摆设。用筷子要讲究礼节。先端碗后拿筷子，在转握时，可借端碗手指之助。吃完时，先放筷子后放碗，绝不能拿着筷子谈笑自若，更不能让筷子端指着别人。喝汁时，可持筷子端触碗内，也可先放下。当吃一口饭，饮一口汁时，必须先放下筷子。

饭和汁物往往是正餐菜肴吃完之后才上的，一般是饭碗（也称菜碗）放在左边，汁碗放在右边（过去两者都用漆木碗）。吃的时候，右手揭汁碗盖，反转置于右或托盘右侧，再揭饭碗盖，置于汁碗盖前方。然后吃一口汁，进一口饭，交错进食是常规。如果同时上了腌物，则进一口饭后吃腌物。不过，这个次序也可以不必遵守。主人给客人盛饭，不可太满，七分为宜。

大家一起吃的料理，一般都会切成细件，摆得很整齐美观。主人先奉给正客，正客双手接之摆于前方，取其上的公筷，夹一份于自己的皿中，然后递给次客。到末客时恰好剩一份，取完，主人取走皿器，一同进食。不过，今天也渐渐改为放在中间，客人自己用公筷夹适量到自己皿中，不必等齐进食的了。如果没设公筷，则用筷子的粗端来夹。夹菜不要多，宁可不够再夹，吃不完的不能放回去。夹菜时切勿从底掏，使摆形陷落。饮酒时不可过量，以免失态；端出饭时，即使是嗜酒客，也要停杯。

餐后甜品一般都是一份份装好端出，吃法类似正餐，只是用特制的黑筷。水果一般都取入口大小，以叉、匙而吃。瓜切成瓣，瓜肉上已切好一块块，用叉匙吃，吃完放好叉、匙，侧放瓜皮朝外。

第三章　日本民族精神文化

日本之所以能在国际社会上取得如此巨大的成就，其中很大一部分的原因是日本传统文化中所凝练的民族精神。日本正是依托这些民族精神才能从一个不知名的国家一跃成为世界上经济大国。

第一节　日本人的"物哀"情结

一、"哀"的产生

"物哀"这一概念并不是一开始就有的，而是由日本文化传统中的"哀"发展而来。而日本民族为什么会有"哀"的审美意识，这离不开对日本民族性格的考察，可是日本的这种民族性格是怎样形成的呢？一个民族的基本性格及其共同的文学思想和审美意识的形成，是经过悠久的历史、风土和复杂的环境，包括自然、政治、经济、社会环境的铸造，与文化宗教形态的构成和发展同时构成和发展起来的。所以，在研究日本的民族性格，日本的"哀"的意识的时候就不能不研究其形成的历史、风土和宗教等基本要素。

（一）自然环境——民族性格形成的土壤

日本位于亚洲最东部，是一个典型的温带海洋性气候岛国，雨量充沛，气候温和湿润，水资源异常丰富，因此植被覆盖率高。当今日本国土的87%仍为森林所覆盖，其中的54%是天然森林，也就是说日本森林的1/3是原封不动保存下来的原始森林。同时日本位于环太平洋地震带上，山脉众多，其间分布着成千上万条大小河流、湖泊、溪谷，景色宜人，气候富于变化。所以日本的景观大体上是以清新纤丽为主的，导致日本人性格中都是有纤细敏感的一面的，他们对自然都是抱着敬畏、顺从和热爱的态度的。

另外，生活在一片美丽却又极富变化自然环境中，多火山、地震频发，自然灾害随时都会光顾这个美丽的岛国，物质资源匮乏。在这样的环境中，眼前正存在着的美景可能在下一秒就会被摧毁，繁荣昌盛的事物也可能马上就会走向衰落，而已经衰败的事物也有可能再度兴盛起来。事实的变幻莫测不断地刺激着日本人的身心，在对这些自然地理环境的敏锐细腻的感受和观察中，日本人对于好事物即将走向消亡的担心、恐惧、哀伤，久而久之就形成了"哀"的审美意识。

独特的自然地理风貌造就了日本人独特的民族，而独特的"哀"的审美意识就是从独特的性格中衍生出来了。

（二）宗教信仰对"哀"的形成的影响

日本历史上有过多种宗教信仰并存的状况，如神道教、佛教、儒教、道教、基督教等，这些宗教都对日本人的社会生活和思想行为产生过重大的影响，但是真正决定日本人思想意识的基本特征和思维结构模式的宗教是神道教。研究日本的神道教自然与研究日本人的自然观分不开。正如以上提到的，日本被茂密的植被覆盖着，所以植物在日本人的日常生活中扮演着很重要的角色，在日本人的思维模式中也是一种很重要的存在物。日本人的宗教信仰也同森林有着深厚的关系，在此基础上形成了"万物有灵观""万物有生观""精灵观念"、自然之间的"生命平等"观念等思想。在日本人思想观念中，万物都是有生命的，跟人一样都是有灵有情的，只是以不同的方式存在而已，人与自然是可以亲切沟通的，因此人应该尊重自然中存在的一切有生命的东西，对自然常怀敬畏之心。日本民族在独特的地理环境和自然神道的双重影响下产生了"哀"的审美意识，而"哀"的审美意识的形成又对后来的"物哀"产生了深远的影响。

二、"物哀"的形成与发展

日本文学自最古的历史文学著作《古事记》起，也带上了悲哀的情调。这种风雅和悲哀的审美情趣，发展到平安时代诞生的日本第一本长篇小说《原始物语》，在《原始物语》中开始形成了日本文学的基本美学观念和文学传统——物哀。

"物哀"先于其他各种美的形态而存在，它的形成与发展经历了一个较长的历史过程，属于日本固有的美范畴。从《古事记》和《日本书纪》时代开始，日本文学就产生了"哀"的美学理念。最终形成了"物哀"这样一种特殊的日本艺术美的形态。实际上"物哀"是"哀"的一种特殊状态，在许多情况下"物哀"与"哀"在文学精神上是相同的。"物哀"由"物"和"哀"两部分组成。所谓"物"既可以是人，也可以是自然景物，也可以是世相和人情世故。

"物哀"的"哀"所涵盖的内容比最初的"哀"丰富得多。"哀"不仅仅是悲伤的意思，所有对于世间万象的喜、怒、哀、乐等一切让人动心的感情或情趣都可以纳入"哀"的范围中去。日本学者久松潜一将"物哀"的性质分为感动、调和、优美、情趣和哀感五大类，其中最突出的就是哀感。

三、物哀精神对日本社会的影响

"物哀"作为日本文化的主要审美范畴之一，是一种在体物者的主客观高度融合瞬间所产生的物我同悲的感官美学，奠定了日本的美学基础并随着日本社会的发展一直延续至今。

（一）优秀文学作品的扎根土壤

抛开早已融入内化于日本传统和歌俳句中的典型物哀审美不谈，堪称物哀鼻祖的《源氏物语》可谓后世日本文学的摇篮，川端康成曾坦言《源氏物语》给他留下了不可磨灭的印象。由此，日本文学中蕴藏的委婉含蓄的哀情可见一斑。"物哀"作为日本文学的传统审美理念，代表着一种流连于无常世间的感动慨叹。这恰恰是文学创作的最佳催化剂。许多经典文学作品在物哀的孕育中诞生，向世界展示了日本人独特的精神世界。

（二）繁荣影视产业的推广媒介

《伊豆的舞女》是根据川端康成同名小说改编的电影，可以说将"物哀"美学发挥到了极致，蜿蜒的山路，潺潺的流水，绵绵的秋雨，本就透露着一种似有若无的哀婉气息，还有那小鹿似的跟在"我"身后的少女薰子，她美好、单纯，对"我"有着最天真的依赖和爱恋，真的令人着迷。"我"们的邂逅即离别，"我"与薰子之间的身份差距成为"我们"彼此之间无法跨越的鸿沟，这种悲和美的冲突与交织为整个抒情环境更添了一分悲哀的美感。

再比如日本电影里最常见的意象：樱花和花火（烟火）。作为日本的国花，樱花的花期只有短短 7 天，其被当作大和精神的象征离不开日本人对短暂美好生命所遵循的物哀理念。花火同样是"瞬间美"的典型表征，每逢盛大节日，日本人就会穿上隆重的和服共赏烟火大会。在一刹那绽放自我照亮夜空，却又在下一秒融于夜色的绚烂对他们有着极大的吸引力。其中最受年轻人喜爱的线花香火更是在电影情节中被无数次反复运用，在《海街日记》就有这样的场景：傍晚的庭院里香田姐妹身着和服点起花火，在朦胧的光点间闪烁着少女的活力，再想起岁月的流逝，物哀之情由此而生。电影作为视觉文化传播的重要载体，既可以传播物哀的审美理念，又可以让欣赏者更好地领会电影的寓意。

（三）日式茶道文化的巧妙融合

追溯历史，公元七世纪以前日本并无饮茶记录，公元七世纪茶叶及茶文化随佛教一起传入日本并融合民族自身的审美风格发展成独具特色的茶道。

平安时代，茶文化初入日本，公元 805 年从中国大唐归来的僧人最澄带回了日本即将拥有的第一粒茶叶种子并种在了京都的比叡山。815 年与最澄同船归来的空海在向嵯峨天皇汇报自己在中国的日常生活时第一次提到了"茶汤"二字。嵯峨天皇在接触"茶汤"后非常喜爱，并下令在日本京畿和近畿广泛种植茶叶并向宫廷进贡，日本的第一次饮茶热潮由此而生。但是此次的"弘仁茶风"只是日本人对中国繁荣茶文化的低级模仿和复制，并没有与自身民族特色相融合，在没有本土文化支撑的情况下自然不会有顽强的生命力，再加上此时日本经济建设的落后导致人们并没有与茶文化相匹配的精神建树，只是局限于高阶级群体上流的追求新奇和奢靡浮夸的风气，使得茶文化并没有顺利地自上而下推行，同时完全照抄中国方式的制茶并不适合日本人的口味。因此，随着平安时代中后期遣唐使的停派和贵族文化的衰败，日本原生民族文化日趋高昂，饮茶之风逐渐隐于时代潮流之中。

到了九世纪下半期，一度沉寂衰落的茶道在经历了近 300 年的低潮后终于在物质逐渐富余的镰仓时代再度活跃。在中国学完禅宗归来的僧人荣西功不可没，除了大力推广中国的茶道外，他还根据自己两次入宋的经历见闻撰写了《吃茶养生记》，除了记录风靡宋朝的抹茶、茶叶的栽培和制茶方法外，荣西还把学到的佛教教义、中国哲学和茶道融为一体，当然影响最大的还是他对茶叶医疗保健作用的细致描写："茶也，养生之仙药，延龄之妙术。"[①] "人伦采

---

① 丁以寿. 中华茶道 [M]. 合肥：安徽教育出版社，2007：2.

之，其人长命也"①，以及当时遍及民间的荣西献茶后源实朝将军病愈的传闻，饮茶之风逐渐从寺院传到民间，"茶数寄"和"茶寄合"开始出现，日本茶文化的传播有了扎实的民众基础，茶道发展的第二次高潮由此诞生。

在日本茶道发展有了足够的物质保障后，人们不再满足于茶道本身，而是进一步讲究茶室环境、庭院布局和茶具的品质功能等。安土桃山时代的村田珠光、武野邵鸥和千利休三人将日本自身茶道的发展再次推向了高潮。其中有着日式茶汤"开山鼻祖"的村田珠光更是将人们从对饮茶形式的普通物质追求上升到了精神层面的探索追寻。除了将佛道茶道进行"二道融合"外，村田还将茶室规格定为草庵四叠半大小的房间，即后来的"草庵茶室"。这样的"数寄屋"虽然看上去简陋质朴，却恰合了日本"物哀"的审美风格。试想人们在这样质朴温馨亲切的环境下听风吟、看雨落，在初春冰雪销霁的时候坐在屋口感受暖暖的阳光，冲泛着氤氲白雾的粗茶小小地哈一口气，舒服地眯着眼；又或者独自端坐在暮春寂静的夜里，趁着夜色和簌簌的星光与樱花对酌，怜爱又认真不失敬重地与最后的樱色好好地告别，正是物哀风格的内化体现。

村田倡导简单质朴的"粗茶"风格，强调不完全的美是一种更高境界的美，正是受物哀审美的影响，对日本茶道的发展更是影响深远，如之后武野邵鸥将日本歌道中的"淡泊之美"引入茶道导致其进一步"日本化"；千利休提出"和敬清寂"的茶道四规，抛却前代的繁文缛节，使茶道摆脱物质束缚，追求心灵慰藉。可以说这一时期日式茶道终于完成了本土化的蜕变，茶文化更贴近日本的审美，形成了独具日本风格的闲寂空幽茶道。

(四) 摄影艺术的绮丽色彩

说到摄影不得不提到日本的"时尚摄影女教主"蜷川实花，其惯用的绚烂到极致的色彩搭配表现了她对世间灼烫情感与欲望的敏感探查，如其处女作《恶女花魁》中浅黄嫩绿、深蓝大红的对比搭配和《狼狈》里高浓度纯色的巧妙运用，其中红黑二色对美丽与黑暗的诠释更是成为蜷川实花的独有风格。正是这样一种将绚烂多情、纤细脆弱揉碎交织在一起的浓墨重彩给了看者最强烈的诱惑。蜷川实花在拍摄中大量运用的意象元素如金鱼、花朵、艺妓等都是日本传统艺术中美好但易逝事物的典型表征，对它们的拍摄正体现了蜷川实花对世事的物哀之心。蜷川实花在《恶女花魁》中对青叶所视事物的色彩，那些或凄凉或香艳的色调及对美的短暂的捕捉更是将物哀之心发挥到了极致。

---

① 刘德润. 中国文化十六讲 [M]. 上海：上海世界图书出版公司，2019：119.

第二节 日本人的"娇宠"心理

一、日本人的"娇宠"

"娇宠"一词是外国人了解日本人精神世界以及社会心理的概括性词汇。事实上,"娇宠"并不是其所对应的日文词汇的最佳翻译,这种情况不仅存在于中国,而且存在于西方欧美国家,除了"娇宠",日语中的许多词汇在引入别国时都找不到与之相契合的本地词汇。

土居健郎大学毕业后,曾两次赴美留学,他在此期间对自己与美国人之间的文化隔阂非常诧异,并以此文化冲突现象为契机,开始通过实践活动研究日本人的心理特殊性。由于土居健郎毕业于医学系,因此他从事的是精神科的医学工作,为探寻日本人的特殊心理,他用日语记录病历,打破了以往日本医生使用德语记录病历的习惯,因为在他的观念中,本民族语言蕴藏着本民族的文化,使用本民族语言能够对民族文化心理看得更加透彻。渐渐地,他发现"娇宠"是日本社会特有的大众化表达方式,后来他又将他的结论应用到具体实践活动中去,从娇宠心理入手,分析病人的症状、心理等,以期分析出日本人的社会群体心理以及个体心理。终于,20 世纪 70 年代初,土居健郎汇集自己的研究成果,出版了《娇宠的构造》。"娇宠"理论一经提出便获得了广泛关注,对社会各界具有重要意义。

在此需要强调的是,"娇宠"是日本社会特有的大众化表达方式,但这不代表它为日本所独有,这种娇宠心理的最初形态表现为婴儿对母亲的依恋,欧美语言中有类似于"娇宠"意义的词汇,但并无确切的、与之相对应的日常用语。从语言的角度,这种现象恰恰印证了日本社会的"娇宠"文化心理。

二、"娇宠"与日本人的文化心理

一定的语言形式不仅可以供一定区域范围内的人交流,而且当人们进入其语言系统时总会在其中发现该群体共同的文化心理以及情感内涵,因此,研究语言的过程其实也就是研究社会心理的过程。

在日语中,与"娇宠"一词有关联的情感性词汇还有"客气""恳求"

"别扭""埋怨""顾虑""害羞""乖僻""乖戾"等,他们都在不同程度上表达了日本人的"娇宠"心理。从娇宠心理的角度来看,日本人会担心不客气会被讨厌所以以客气的姿态示人,实际上被认为是撒娇的一种表现;他们恳求是希望获得向别人撒娇的机会;他们有些人因为性格别扭或者处于当下情境时不能直白撒娇,因此显得有些别扭的样子也被认为是撒娇的一种表现;他们埋怨是因为自己在撒娇时遭到拒绝,因而产生了一种对被撒娇者的微妙的怨怼情绪,这种情绪是复杂的,比单纯的厌恶心理更有温度;他们产生顾虑情绪,往往是因为担心对方不能接受自己的撒娇而向对方传达的一种情绪信号;他们害羞,是因为在别人面前撒娇时会产生一种难为情的情绪。这里所讲的词汇都是指日语中所对应词汇,是由娇宠心理衍生而来的,在欧美语言中无法找到与之相匹配的词汇,具有独特性,它们共同组成了一个庞大而丰富的系统。日本的娇宠心理具有特殊性,早已深入日本人的生活中,成为社会文化心理的组成部分。

幼儿在半岁左右,精神方面逐渐发展,开始认识到母亲与自己是不同的,并且认为母亲对自己来说十分重要,这就是娇宠心理的原始形态,换句话来说,婴儿想要与母亲亲近的心理就是"娇宠",婴儿想要通过这种"亲近"建立母子、母女一体感,是对"母亲与自己是不同个体"事实的一种天然的内心的抗拒情绪。这种原始形态的娇宠心理是所有婴儿共有的,不论在哪个国家都一定会出现。日本社会独有的娇宠心理是对这种原始幼儿心理的扩大化,对日本人精神生活的各个方面都产生了巨大的影响。

娇宠心理对日本人产生了深远影响,最突出的表现就是日本人整体较强的审美意识。审美是一种将主观情感外化于客观物象的能动反映,在审美的过程中,人们借助外物将自己的情感表达出来,获得一种精神上的愉悦感以及满足感,从而完成对美的体悟,在人与客观物象之间建立一种"一体感"。而由于娇宠心理的影响,日本人极其注重这种一体感,当人们在日常生活中不能得到满足时,就会求助于审美,通过追求美获得内心的一体感,从而使自己的内心达到一种平衡和满足。

日本的一些社会心理都与娇宠心理相关联。比如说,在日本文化中盛行一种"宅"文化,具有"宅"文化心理的日本人,下意识逃避交际,不愿与人过多地相处,与和朋友出去游玩相比,他们更愿意在自己的家中享受一个人的安逸时光,他们喜欢居家,特别是独处时容易获得极大的满足感,极易从独处时光中获得与空间、事物的一体感。这种"宅"文化心理与娇宠心理是完全不同的,娇宠心理强调人与人之间的沟通交流,但其最终目的都是一样的,都是为了获得一体感。

娇宠心理促使日本人在社会生活中积极寻求与外物之间的一体感，这同样也表现在其文化接受方面。面对外来文化，日本人会积极寻求自身与文化之间一体感，这就促使日本人提取、摄入外来文化，日本人对古代中国文化与近代西方文化的学习与吸收都是以这种方式完成的。从这个角度来说，日本人的娇宠心理对日本社会的近代化发挥了重要作用。这与中国对外来文化的学习与吸收过程完全不同，中国人自古以来就对自己的文化有一种深深的自豪感，他们不会在一种文化传入时积极寻求人与文化的一体感，更多强调的是"和而不同"理念，所以，中国对外文化的摄取相对较慢。

经前文分析已经得知，原始形态的娇宠心理是一种普遍的人类幼儿时期的共同心理，在幼儿成长过程中是不可缺少的，幼儿对母亲的依赖是其形成人生基本依赖感的前提，对于成年后健康的人际关系的构建具有重要意义，不仅为日本人所独有。但是，为什么只有日本将其发展为娇宠心理呢？这主要是因为，日本人对娇宠心理的宽容度较高，因此不会去刻意压抑，他们对这种心理倾向也比较敏感，在日本文化中，承认并不意味着娇宠心理的消失，相反地，成人是对娇宠心理的进一步细腻化感知、实践，娇宠心理也因此贯穿于自身心理发展以及人际关系交往全过程。西方的欧美国家则不同，在其成长过程中，属于幼儿时期的原始娇宠心理形态被社会主流价值观所抵触，娇宠心理也因此失去了成长和发展的机会，他们更重视人的成熟、自我的确立。尽管如此，西方欧美国家的娇宠心理也是存在的，只不过其形态、程度等与日本的娇宠心理完全不同，比如基督教徒对神的情感。

三、"娇宠"与日本人的病理表现

娇宠心理的背后其实隐藏着一种人类共同欲求，这种人类共有的本能的情感被纳入社会规范体系后成为日本的娇宠社会心理。日本人对娇宠心理的宽容使其社会成为一个以依存式人际关系为主的世界，这种社会共同心理的形成一方面能够使人们获得一种紧密的人际关系，另一方面催发了众多病态的心理现象。在土居的观点中，这种病态心理包括受害意识、视线恐怖、对人恐怖等。

日本人具有强烈的受害意识，这种共同意识在语言文字中就可以发现蛛丝马迹。在日语中，很多句子的行为主体都是通过行为结果的被动态表示的，行为主体本身经常不出现，这也成为区分日语与英语的各一个显著标志。日本人受害意识的由来问题在人类幼儿时期的娇宠心理原始形态中就能够找到答案。当人处于幼儿时期时，就会对母亲有一种被动的依赖心理，幼儿为寻求与母亲之间的一体感会本能地向母亲亲近，想要母亲关注自己，当母亲的注意力转移到其他人或事物上时，由于缺少缺乏独立人格，幼儿就会有一种"失宠"的感受，可见，幼儿对母亲的依赖是独占性的，他们会对转移母亲注意力的人或事物产生强烈的排斥感以及嫉妒心理，幼儿获得"娇宠"的程度完全取决于母亲，当母亲不能持续地关注幼儿时，他们心中就会有脆弱、悲伤的情绪感受，这种消极的心理感受极易转化为受害感。日本人的娇宠心理是幼儿时期的心理延续，因此，日本人对外界事物以及他人的依赖性极强，人格独立性相对较低，所以极易产生受害感。

日本人的社交恐惧症与娇宠心理具有一定关联，社交恐惧是日本神经病患者中一个非常突出的表现症状，比如有许多神经质患者与医生交流时就会透露出自己的社交恐惧心理，社交恐惧症具体包括视线恐惧、体味恐惧、红脸恐惧等具体症状。

社交恐惧症的前一个阶段即"认生"，认生是正常的心理现象，还没有发展成为病理状态，究其根源，其实认生也可以从幼儿时期找到答案。当幼儿认识到自己与母亲是两种完全不一样的存在时，就会以依赖性姿态博得母亲的关注从而获取心理安慰，在此过程中他们也会将这种依赖信息以一定的反应形式反馈给外界，比如，幼儿在外人怀中一般就会哭闹不止，当再次回到母亲怀中就会变得老实、不哭不闹。这种现象就是"认生"，是由原始形态的娇宠心理引发的。娇宠心理是幼儿心理的延续，这就使得很多日本成年人身上都带有认生心理，此种心理发展到一定程度就会深化为社交恐惧，成为一种病态的心理。其转化过程如下所述：随着年龄增长，人们接触的外界事物越来越多，见识的人际关系也逐渐多样化；不同的人际关系所处的人际范围是不同的，有的处于纵式序列系统内部，有的处于纵式序列系统外部，当其与内部人员交往时会更快地熟络起来，也更容易受到保护，因而会更快地产生娇宠心理，而其与外部人员交往时则不会迅速产生娇宠心理，一部分人可能会因此对与外部人员交往产生恐惧心理、不易摆脱认生的心理现象，久而久之，这种认生心理就转变为一种交际习惯，任由其发展下去就变成一种病态的心理症状。除此之外，也有例外情况，一部分人由于在成长时期并没有同母亲建立良好的情感联系，或者本身性格极度敏感等，其娇宠心理不易被满足，难以克服自己在交际时的认生心理，由此逐渐发展为一种病态的心理。

在社交恐惧的具体表现中，视线恐惧是一种突出的病理现象。在土居的观念中，视线恐惧只发生于患者和认识但不熟知的朋友交际时，比如在学校中与不熟悉的同学接触、在公司中与不熟悉的同事接触等。当患者处于完全熟悉的环境中与完全熟悉的人接触，这种视线恐惧不会出现；当患者处于完全陌生的环境中与完全陌生的人接触，这种视线恐惧也不会出现。换句话说，患者在"亲密集团"以及"无关系集团"中都不会产生视线恐惧心理，在"中间集体"时极易产生视线恐惧心理。究其原因，这种现象与娇宠心理有一定的联系。在亲密集团中，人们的关系比较紧密，无须经过他人同意就可以做出娇宠行为；在无关系集团中，人们做出娇宠行为的意愿骤降，处于该集体内部的人都不必客气；但是在中间集团，人们自然而然地产生娇宠心理，与之相对地是人际关系的不熟悉给人带来的不能随意撒娇的限制。亲密集团、无关系集团以及中间集团的划分是相对的，在日本国内，两人可能因为处于不同的社会序列系统而成为无关系人员，但假如两人一同飞往海外共事，那么就会因为同为日本人这件事转变成为同一亲密集团中的人员。

日本人的受害意识以及社交恐惧等，与娇宠心理有着直接的联系，娇宠心理影响着日本社会的精神生活，自然也影响着日本人的性格形成。比如，日本人非常注重他人对自己的评价，如果别人在众目睽睽之下拒绝了日本人的请求，请求者就会产生强烈的耻辱感；日本人恐惧被孤立，即使伙伴的观点与自己的相冲突，他们也会主动接纳并全部吸收其观点，为了与人群达成一致，他们宁愿放弃一部分自我，从而使自己不引人注目。

总体上来看，日本人的娇宠心理是其众多社会病态心理的直接来源，其病理表现与娇宠心理发挥作用的过程是密不可分的。

四、"娇宠"与日本社会体制

从某种意义上来看，二战是日本娇宠社会心理发展的转折点。二战以前，日本社会盛行忠孝、义理、人情等，娇宠是社会生活的基本规则，人与人之间最理想的状态就是建立一种平等关系，人们积极寻求一种类似与亲子之间的一体感，以期实现人与人之间的亲密关系。此时的娇宠心理盛行，人们理解并且主动爱护他人的"害羞"心理，处于娇宠心理所做出的行为都能被重视，继而获得回应。日本经历二战战败以后，日本人开始抵触这种娇宠心理，曾经盛行的忠孝、义理、人情等价值观念在逐渐消亡，娇宠也渐渐消失于社会的基本规则中，社会整体氛围是反对娇宠心理的，但民众的娇宠心理并不能立即消失，如此一来，人们在日常生活中的娇宠心理就无法得到满足，也会因"害羞"心理而陷入恐惧情绪。

从娇宠心理的角度来看，日本纵式社会结构也是娇宠意识发挥作用的体现。如前文中所说，日本属于典型的纵式社会结构，在此社会结构中，人人都生活于一定的序列式社会系统中，系统内部有明显的层级区别，"上下级关系"在系统中是最亲近的一组关系，上下级之间直接接触。这种关系就是日本家庭关系的扩大化，娇宠心理以上级的权威地位以及序列系统中的运行规则为前提，是下级对上级的一种依赖性心理。在双方共同认知中，上级保护下级，既享有上级应有的权利，又履行对集体以及对下级的义务，上级的责任感也正来源于下级对自己的依赖与信任；而下级拥护上级的领导，支持上级所做的决定，服从于权威，遵守系统内的运行规则。日本以纵式社会结构为主导类型的原因或许正在于此，即纵式社会结构在运行过程中体现出明显的、与娇宠心理之间的相似性。

日本人普遍认为，娇宠的世界才是人类真正合理的社会形态，以娇宠心理为主导，日本的天皇制诞生了。该制度规定天皇是日本国的象征，受到全国的尊重与拥护，享有对全国民众的领导权，同时，日本天皇也依赖着在其周身的所有主体，其依赖性与幼儿的依赖性如出一辙。在此制度下，整个日本的民众同处于一个序列系统——日本社会中，以天皇为最高级别领导人，其下设有多层等级序列，在此系统中，任意上级与下级的关系同天皇与周围主体的关系是一致的。显然，日本人将娇宠心理理想化了。曾经的日本天皇制度已经消失，但是，"小天皇"现象随处可见，日本社会充斥着无秩序的娇宠意识，这种意识早已渗透进入日本人精神生活的方方面面。

上述观点中的"娇宠"心理都是从土居健郎的观点进行分析的，在他的观念中，娇宠对日本的文化心理、社会体制以及心理健康等都产生了极为深远的影响，娇宠就是一种幼儿依赖心理的延续，日本人与母亲之间的关系是十分紧密的，很难与母亲做到真正的心理分离，成年以后，幼儿对母亲的强依赖性转化为成人对社会中其他人的强依赖性，尤其是与本人建立亲密关系的人员，这种家庭关系外化于社会中，就形成了日本社会的特别的组织原理。

当然，本文并不主张土居健郎的理论是唯一正确的理论，尽管他的理论得到了很多人的支持，但也存在着反对的声音，有些美国学者认为，娇宠心理不仅为日本社会所独有，在韩国社会也能探寻到娇宠社会心理。还有人对"娇宠是日本精神社会生活的关键词，也是外来人员理解日本文化的关键词"一观点持反对意见。从科学的角度来讲，娇宠并不能准确地用数据衡量出来，它毕竟不能像公式一样有一个确切的评断标准，所以，人的行为是否能被划分为娇宠也没有客观的评价标准。

尽管该理论有众多不确定性，但总体来看，娇宠理论仍然为人们研究日本社会及其文化心理等发挥了极大的作用。

第三节 日本人的"耻感"与"义理人情"

一、日本人的"耻感"

(一) 日本耻感文化的缘起

1. 地理环境与共同体意识的影响

地理环境往往与一个民族的文化有着十分紧密的联系,日本位于亚洲东部、太平洋西北的日本群岛,处于亚欧板块与太平洋板块的交界地带,因而总是地震频发。日本是一个名副其实的岛国,全国71%的土地都是丘陵与山地,而且这其中的许多还是火山,可见,日本的地理环境绝对不能算得上是优越。日本的气候属于温带和亚热带季风气候,常年都会受到海洋的影响,因而它全年都有着极高的降水量。正是因为这样的地理环境特征,才使不少自然灾害在日本总是频繁发生,在恶劣的自然条件之下,个人力量是非常弱的,甚至可以忽略不计,因而人们只有形成一个部族,依靠集体的力量来对抗自然,才能获得一线生机。正是在与自然不断的抗争中,日本人形成了群体意识,这一意识将集体利益看作是最高原则,并且这一意识已经深深融入每一个日本人的思想中。

日本四面环海,海洋成为保护日本的一道天然的屏障,使其发展一直很少受到外敌的侵扰,但也正是因为它长期处于相对稳定的环境中,使其很少与其他国家进行友好的往来,这让日本形成了强大的凝聚力,但也让他们形成了狭隘的排外心理,这可以从以后其帝国思想萌发、对中国发动惨无人道的侵华战争上看出来。

2. 儒家文化与等级观念的影响

对日本文化的产生与发展产生重要影响的思想主要有两种,一种是日本的本土思想——日本的宗教思想,另一种是中国传统哲学思想。中国传统文化具有丰富的内涵,其中,耻感文化就是其最为明显的一个表征之一,在殷周时期,"其心愧耻,若挞于市"[1] 的思想就已经出现了。到春秋战国时期,儒家

---

[1] 张居正. 张太岳集 上 [M]. 北京:中国书店,2019:238.

学派对耻感文化进行了系统性的整理,并将其纳入"八德"思想体系中,因而它成了儒家思想文化的重要组成部分。儒家思想文化并不是直接从中国传入日本的,而是在公元5世纪,经由朝鲜传入,到了隋唐时期,日本不断地向中国派遣留学生,以促进中日之间的文化交流,在这一过程中,日本吸收了许多中国文化,一直到江户时代,儒家思想文化已经成为日本国民精神的重要组成部分。儒家思想中存在一个非常重要的思想——"三纲五常",这是一种对社会进行分层的思想,日本统治者看到了这一思想对于其统治的益处,因而将儒学放在了国学的位置上,甚至对人进行了阶级性的划分,将其分成皇族、武士与平民。为了让这一人的排序为日本普通人所接受,统治者还利用神道教进行宣传。日本的神道教中包含许多神明,有至德至美的神明,也有恐怖凶残的神明,因而所有的百姓其实对于"神"都存有敬畏之心,而且在百姓们看来,日本之所以会经常发生各种自然灾害,主要的原因就是神明对日本人的发难。正是因为日本人信奉神明,因此统治者也开始利用神明来宣传等级理念,让人们清楚自己在社会中的地位,了解自己的阶级,不要试图去违背上级的意志,否则将会受到神明严厉的惩罚。就是在这种长期的思想影响下,日本耻感文化的两大核心部分形成了,一个是阶级意识,另一个是群体规则中的不可抗争意识。这里笔者需要指出的是,日本在吸收儒家思想文化时并没有吸收"仁"的理念,同时还将对神明的崇敬放在了最高位置,因而在社会主流意识中,尚名誉、重羞耻就占据了重要地位。

(二) 日本耻感文化的特征

鲁思·本尼迪克特的著名作品《菊与刀》就非常全面地剖析了日本人的形象,他们尽管崇尚礼仪,但同时又十分享受武力扩张,从这里可以看出日本人其实是一个矛盾双重体,他将日本人的行为表现与文化类型理论相贴合,可以发现,日本文化其实是一种耻感文化。[①] 耻感文化就是一种十分重视羞耻的文化心态,这一文化心态有着十分鲜明的特征,那就是非常看重外界对自己的评论。从一定程度上来讲,受到耻感文化影响的日本人最终所形成的其实是一种"跟随""从重"的心态,他们大多没有自己的主见,喜欢依附别人的意见。

可以看出,在耻感文化的影响下,日本人的言行并不是由其内在决定的,而是由社会的外在条件与规范所决定,他们非常容易为外界言论所影响,非常

---

① 王仲涛,汤重南.日本史 [M].北京:人民出版社,2014:439.

在意外界的看法与评价。如果某一个日本人的言行受到了其他人的批评，那么他就会产生很大的羞耻感。从这个方面上来看，日本耻感文化的另一个显著特征就表现为"他律性"。在鲁思·本尼迪克特看来，"在耻感文化背景下成长起来的人，他们根本没有坦白忏悔的习惯，甚至他们做错了事也不会向上帝忏悔。他们总是希望收获幸福，因而经常祈祷获得幸福，但他们并没有因为自己的罪恶而祈祷获得他人的原谅。在这类人看来，即使自己的不良行为已经在社会上暴露自己也没有必要忏悔，所谓的忏悔只不过是一种自寻烦恼罢了。"① 可以说，某个日本人的不良行为不为人所知时，其是不会为此感到羞耻的；只有当他的不良行为完全暴露，他为别人所批评时，其才会产生一种被羞辱的感觉。因此，大多数的日本人在生活中都十分谨慎小心，因为他们怕自己的言行会遭到其他人的羞辱。

　　日本人所具有的耻感文化并不仅仅体现在个体上，而且还可以体现在群体上，这可以从日本民族精神中的集体意识中看出来。日本人的集体意识通常会将个体的名誉、耻辱与群体联系起来，比如，自己的行为会影响企业的形象等。日本人家庭、企业与社会中都有着极强的归属感，他们非常重视自己是否合乎集体的要求，十分重视自己能否达成集体的愿望，并且非常不希望其他人对他失望，从这里可以看出，日本人并没有将自己的个人价值看得很重要，相反，他们认为自己的个人价值应该是在群体价值中展现的，因而非常重视群体价值的实现。每一个日本人在其很小的时候都会受到告诫不能给别人造成困扰，辨析要时刻遵守社会已经成型的各种行为准则，要时刻规范自己的言行，要将集体利益放在最重要的位置。因为每个日本人个体的行为往往与其家族"脸面"有关，一点某个日本人做出了一些不良的行为，他所在的家族也会因此而蒙羞。这种将个人耻辱与群体利益联系起来的观点确实让日本人可以更加谨言慎行，也让日本社会处于一派和谐之中，但正是因为如此，许多日本人的个性被压抑了。

　　为了更好地介绍"耻感文化"，鲁思·本尼迪克特在《菊与刀》中将它与"罪感文化"进行了合理的对比与分析，在他看来，两种文化主要在两个方面存在显著的差异：第一，从自身行为的约束上来看，后者是因为感受了自我来自内心的罪恶感因而会自觉地规范自己的行为，而前者则需要通过他人来对自己的行为予以约束；第二，从文化的来源上来看，后者来自人的本心，而前者则来自外界，而且他们所畏惧的仅仅是"耻"有所畏惧，并

---

① [美] 鲁思·本尼迪克特. 菊与刀 [M]. 北京：商务印书馆，1990：94.

不是对自己的"罪恶"产生畏惧之感。也正是因为日本人没有发自内心地对自我"罪恶感"的认知、没有吸收儒家思想文化中的"仁"的思想，一直以来，日本人都没有一个统一的善恶标准，他们的标准总是在变，而且十分模糊。在中国，人的名誉是会延续到其死后的，人们对他们的评判在死后依然奏效，因而会有"流芳千古""遗臭万年"之说，但是在日本，他们认为人在死后就没有必要再遭受谴责，甚至有时他们的名誉还能被予以恢复。日本人认为人类所实施的各种行为其实并没有明确的界限，所谓的"善恶"也就没有统一的标准。

(三) 日本耻感文化的影响

日本文化中当然也存在一些本土文化，但是其现在的完善多得益于其对其他优秀思想文化的吸收。日本文化主要受到了儒家思想文化与其本土文化神道教的影响，正是在这两大文化的影响下，阶级制度观念已经在日本人的心中根深蒂固，同时又因为他们始终对神明保持着敬畏之感，因而无论是哪一个阶层，其都保持着本阶层的特性，绝对不会"进入"其他的阶层，如果其做出了一些与自身身份不相符合的事情，那么对他来说这就是一种绝对的耻辱。日本人所谓的等级理念已经在许多领域得以渗透，不仅在政治、军队等领域被渗透，即使在人们日常的企业生活中，这种等级理念也早已深入人心。在严格的等级理念下，下级要绝对地服从上级，如果下级出现了僭越的情况，那么，他将会受到极其严厉的惩罚。没有一个人会认为这种惩罚是不合理的，许多人将这种惩罚当作是情理之中的事情。

到了幕府初期的镰仓时代，日本已经形成了"惜名知耻"的思想，"名"指的就是"名誉心"，这一思想后来获得了一定的发展，在武士阶层，重名知耻的中心道德确立了起来，他们甚至将它看作是自身道德体系最为重要的部分。这一思想让日本的武士精神更加丰富，其中，在第二次世界大战中，正是依靠着这一思想与神道教思想，日本人才发动了持续多年的侵略战争。日本人非常重视自己的名誉，甚至有时为了让自己的声誉不受影响或受损，他们还会抛弃善恶观。因此，对于日本人来说，他们一般不会去主动承认自己的错误与失败，也不会承认自己的缺点与过失，一旦承认就意味着他们的象形维持不住了。如果一个日本人受到了羞辱，他就必须要报复回去，但在无法报复回去的情况下，他们往往就会采取一些非常极端的方式，比如自杀来维护自己的名誉。当然，我们要辩证地看待日本人的这种荣誉感，一方面，其积极的意义表现为它是促使日本人不断向上的内驱力，另一方面，其消极的意义表现为它使不少日本人为了维护自己的名誉而不承认自己的错误与罪行。

日本是一个十分重视纪律性的国家,所有人在社会上都会自觉遵守社会规则,同时,他们的言行都在极力地维护自己的名誉,从而使自己不会出现"羞耻感"的情况。日本人将维护自己的名誉看作是最为重要的事情,他们无法忍受自己成为别人讥笑与嘲讽的对象。"耻感"是日本人的道德体系中最为重要的部分,在大多数日本人看来,"知耻之人"与有德之人其实是等同的,他们很怕别人用"不知耻"来评价他们。家长也十分维护自己孩子的荣誉,不允许自己的孩子丢脸,因而知耻教育就在家庭教育中占据重要位置。而家庭教育中的这种知耻教育最后会被延伸到社会上,以至于日本人所遵守的社会公德都是以此为基础的。

日本的耻感文化非常排斥"异类",为了不成为"异类",日本人通常会十分谨慎地实施自己的言语行为与动作行为。尤其是在企业、学校等群体中,日本人认为自己必须要自觉地遵守群体规则,一旦违背了规则,他们就会受到群体内部的其他人的排斥、耻笑。正是因为如此,所有的日本人在工作、生活中都在努力地压抑自己的个性,试图使自己与其他人步调一致。人们对日本人的第一印象往往就是有礼貌,这是因为受到耻感文化影响的日本人在生活中十分在乎别人对自己的看法与评价,因此,他们会非常小心,并不会在公共场合暴露自己的不良行为,也不会做出一些打破秩序的事情。

二、日本人的"义理人情"

(一)"义理"的具体含义

"义理"这一词通常指大众都认可和熟知的道理或者讲求经义探求明理的学问等,中国自古以来就有这一概念。比如在汉朝时,"义理"指的是"经义名理",在宋朝后称为"讲求儒家经义",讲究其道理的学问为"义理之学",这也是中国"义理"的最初之义。这一概念从中国传入日本后,经过日本人的理解与孵化,赋予了它更多的含义,加入了自己的文化特色和情感色彩,这一概念开始在日本盛行。"义理"在广辞苑中的解释是:道理、情理;意思、意义;(儒教用语)人间正道;不得不做的应酬;结成血缘关系相同的亲属关系。通过释义可以看出,日语中"义理"的含义更加丰富[①]。"义理"这一词在日本演化后,已远远超越其在中国的含义,反映了日本的民族心理。

---

① 张艳萍. 义理在日本的传播及影响 [J]. 西北大学学报(哲学社会科学版),2007 (11).

各国学者也对日本独特的"义理"文化感兴趣,并进行了相关研究,且许多学者对"义理"文化有独特的理解。美国学者鲁尼·本尼迪克特在《菊与刀》中,以独特的视角深度剖析了日本人的"义理与人情"。本尼迪克特将日本的"义理"文化分成了两种,一是指"社会义理",也就是人要有知恩图报的心理,要向他人报恩;二是"名誉义理",要珍惜自己的名誉,不让名誉受损,不让任何人任何事玷污自己名誉[①]。

(二) 各个时期的义理

1. 幕府时期的义理

在幕府时期的"义理"观念是从中国宋学中提炼出的,结合初期日本的各种风俗和民族色彩,其意义、内涵、范畴都发生了变化,重新生成日本版本的"义理"。"义理"观念最初是在武士社会中先被接受,然后才被日本大众接受。新渡户稻造在《武士道》中指出:义理原本是武士的武德,坚守义理被视为武士之本职。在日本的文化中,尽忠君主比孝敬父母更为重要,这是他们独特的"义理"。这一义理观念在日本拥有悠久的历史,且已植根于人民大众心里。对于武士来说,为君主而死是一种光荣的义务,武士的最高职责就是尽忠君主。武士最看重承诺,认为签署书面凭证是对其身份的侮辱,甚至最优秀的武士连发誓都认为是对自己的侮辱,由此可以看出名誉对于日本民众至关重要。

江户时代起,日本就有严格的等级划分,分为士、农、工、商四个等级(还有贱民),并对各个等级的衣、食、住、行等各方面做了详尽的规定和要求,让他们做事都按照章程,不得跨越,成为桎梏人民大众的枷锁。同时,随着近世文学作品的传播,义理观念被平民大众所熟知,并将其作为生活中不可或缺的准则。"义理"成为人们珍视的直接人际关系,大家推崇终身忠于主君,为主君赴汤蹈火的忠诚之士,而主君也会以诚报答。"报答情义",就是把生命献给受其深恩的主君[②]。

与日本森严的等级相对应的,在家庭内部同样也有上下等级。封建的上下级家庭观念不可置疑,个人感情永远排在家庭关系之后,所以好多人沦为以家庭与家族关系为先的牺牲品。个人感情被放到不起眼的角落,面对家族的兴

---

① 田小风. 对鲁思·本尼迪克特《菊与刀》中"义理与人情"的再解读 [J]. 陕西教育 (高教版), 2012 (12).

② 张艳萍, 邓秀梅, 谢苗. 从义理看日本伦理思想的特质 [J]. 唐都学刊, 2008 (11).

盛，必须选择放弃自己的感情，因此许多恋人不得不放弃彼此，遵循长辈意愿。文学作品中也有许多反映这类现实题材的作品，相恋的恋人最终选择殉情来成全自己心中的感情，反对为家族牺牲，也造就了一段又一段引人泪目、可歌可泣的爱情故事，成为佳作。

2. 天皇制时期的义理

明治维新之后，日本结束了幕府统治而进入天皇制时期，武士阶层随着江户幕府的灭亡而消失，但是反映武士伦理观的义理却牢固地残留在日本人的伦理道德观念中[1]。这个时候的义理开始发生了转变，不再是对君主的绝对忠诚，而是变成对天皇的忠诚和对各类人所承担不同的义务。当无法面面俱到，做不到处处遵守"义理"时，他们会选择比较极端的方法——死，作为最终解决办法。有人曾经为自己孩子的名字不小心与天皇的御名重复，就将自己孩子杀死并自杀来解决这一问题。在日本，债务需要在新年到来之前偿还。社会评论家荒垣秀雄曾经在日本第一大报纸《朝日新闻》的"天声人语"一栏中感慨地说，十二月要做一年的总结算，借贷也要在年底理清。除了通常所说的钱财的债务清算，也要清算那些违反"义理"的行为，所以许多人会在新年到来之前进行一些挽救名誉之事。比如，有人会在除夕自杀，来挽回名誉，因为日本人认为自杀是一种洁身自好的行为，可以在此行为之后得到一切原谅。在某种情况下，自杀可能是最体面的解决方式。

3. 现代社会的义理

现在社会，对于"义理"的理解不再如武士社会般深入，但"义理"观念却早已根植于人心。日本人在日常交往中都非常注意"不能违背义理"，这是他们的行为准则，如果不注意，做出违背义理的事，会遭受非议，让人名誉受损。重视社会交往的人被视为重"义理"的人，大家会尊重这样的人。每逢重要节点，许多人会互相赠送礼物，且礼物都需要注意规格等，这些行为习惯已经可以充分说明"义理"已经融入日本人生活的方方面面。

日本社会是以家庭为社会单位的，在日本人的观念中，家是重于个人的，因此，为了家族利益牺牲小我的事时有发生。他们将公司看作一个家，选择哪家公司，代表你加入哪个家族，所以他们会更关注自己所属公司，在外他们会喜欢说他们的公司名称，而不是说自己的职业。

在日本人的观念里，他们高度重视"名分的情义"，对于名誉的维护和对天皇的忠是最让人骄傲的事。比如，在学校发生火灾时，有些教师会为了抢救

---

[1] 张艳萍. 义理在日本的传播及影响 [J]. 西北大学学报，2007 (1).

天皇御像，冲入火中却再也没有出来，这是他们重视义理的表现。作为外国人，如果没有充分理解日本人的这种情义，是替他们感到不值，难以理解的。

日本人的集团主义也是他们重视义理的表现。在他们的世界中，凡是和集团作对、唱反调、背离集体主义，都是对"义理"的背叛，会被孤立，因此大多数人都会放弃个人私欲，而奔向集体的怀抱，为集团的整体利益而努力。比如第二次世界大战时日本无批判军国主义集体自杀事件，企业中组织的集体的运动会、旅行和聚餐等活动，都是集团主义的体现。

下班后的社交，即使不情愿没时间也要和同事们一起聚在一起的饮酒活动，打着锻炼你能力、为你好的无休止的加班，即使到了休息日也要参加的高尔夫接待（日本的一种常见应酬，用高尔夫运动来接待客户以促进业务进展），这些都成为日本职员不得不面对的职场问题，也是他们坚信的"义理"所带来的现实问题。如何平衡私欲和义理的关系，仍是现在日本人亟待解决的问题。

(三) "义理"与"人情"的关系

"义理"作为公众的道德规范，"人情"是私人情感的体现，这两者是日本人忠于职守和维系社会关系的重要因素。日本著名心理学家土居健郎明确指出，日本人的行动很大程度上受到"义理"和"人情"的影响[1]。随着"义理"的发展壮大，"人情"的发展受到阻碍，"义理和人情"逐渐形成了此消彼长之势。本尼迪克特曾强调"义理"和"人情"是一组完全脱离且相互对立的概念，"义理"有时对应着不那么正义的事，若一个人受制于"义理"，那么可能需要做出一些不那么符合自己心意却不得不去做的事。但在源了圆（日本历史学家）看来，"义理"与"人情"并不是完全对立的，它们之间的关系是错综复杂的，不能以简单对立或有联系来定义。

现在社会中，"义理人情"常是一个词，人们习惯于组合使用。这也侧面说明了"义理"与"人情"并不是完全对立的，而是在"义理"中夹杂着"人情"，在"人情"中同样也有"义理"。日本人就生活在这样一个"义理"与"人情"交杂的社会环境中，寻求着自身的平衡。

"义理与人情"在日本社会中形成了错综复杂的局面，也造就了一些矛盾。在面对问题时，需要从"义理"和"人情"两方面进行思索和取舍，桎梏人们活动，影响日本人的一言一行。

---

[1] 黄宝珍. 日本人的义理观解读 [J]. 贵州大学学报（社会科学版），2009 (6).

(四) 日本民族的双重性格中的"义理人情"

在日本，上级对下级的帮助，长辈对后辈的关心，既是义理关系，也是人情关系。也是因为由义理而演变成的人情关系，使这种互帮互助的传统文化不断延续，组成了最和谐稳定的日本社会。这体现出日本民族义理与人情的双重性，两者密不可分，相互促进。日本民族的双面性还体现在它文化具有的包容性和排外性上，它选择包容他人缺点，又排斥外来物。在本尼迪克特所写的《菊与刀》中有一句话非常贴切，日本民族就像菊花与刀一样，既华美艳丽又血气方刚。

在日本经历过的事件中，好多坚持"义理"却违背"人情"的情况发生。在日本战后的四大丑闻中的洛克希德事件，时任首相田中角荣的秘书为田中角荣背下所有罪名，维护田中角荣的声誉。这种做法是符合"义理"的要求的，作为部下，他可以牺牲一切去保护自己的上司，与上司共进退，但并不符合"人情"，这种替罪行为是错误的、不可理喻的，这恰恰体现日本民族义理与人情的矛盾与对立的双重性。

通过对义理与人情的深入认识与了解，我们才能更好地把握日本的民族特征，更准确地认识日本文化，更清楚地了解日本人文。

第四章　日本文学艺术文化

日本相对于我国而言虽然没有悠久的历史传承，但也有着意蕴深刻的文学与多姿多彩的艺术。本章主要对蕴含生态忧思、反映自我意识及凸显女性主义的日本文学展开分析，同时对独具特色的日本动漫艺术、类型丰富的日本舞台艺术及禅宗文化影响下的日本庭园艺术加以研究。

第一节　蕴含生态忧思的日本文学

一、生态文学的本质

人类正面临着环境恶化的境地，许多领域都在努力地想要为生态环境保护做出自己的贡献，文学领域也不例外。作家们融入了生态理念的文学创作就是生态文学，它是文学的一种新形式。不同的文学体裁都有着不同的特质，生态文学也不例外，其特质主要表现为"生态责任、生态理想、文明批判和生态预警"。对生态文学的特征进行梳理，可以发现，它的特征主要包括表现自然性、绿色意识性、绿色效应性等。① 在生态文学发展史上，通常蕾切尔·卡逊的《寂静的春天》是不得不提的一部重要的作品，它标志着生态文学时代的来临。其实，这部作品并不是人类历史上的第一部生态文学作品，古今中外，许多大家都在自己的著作中传递了自己的生态思想，比如中国的老子、庄子，美国的梭罗等，这些大家都在自己的著作中诠释了生态思想，揭示了人与自然和谐相处的意义。这些大家在著作中所表现的自己的生态意识有深有浅，有主

---

① 杨文丰. 论绿色文学的特质 [J]. 南方农村, 2001 (3).

动有被动的，但不能改变的是，生态文学其实是由两部分组成的，一部分为古代朴素的生态文学，另一部分为具有近现代意识的生态文学。前者是在农业文明发展阶段中人类对人与自然关系探索的结果，后者是在工业文明发展阶段中人类对人与自然关系探索的结果。

二、石牟礼道子的生态文学创作

水俣市是位于日本九州岛西部熊本县的一个小城，在20世纪50年代，这里的人们不少人都出现了汞中毒的情况，由此所引发的灾难是水俣湾出现了一种怪病，这个病就是在世界范围内引起强烈震动的"水俣病"，这种病是由工业废水排放污染所引起的。许多水俣病受害者想要讨回公道，他们持续地展开诉讼，但一直都没有得到一个很好的结果。2014年，水俣病受害者团体会长又一次向东京地方法院提起了诉讼，他们的诉求很简单，就是要求日本政府对水俣市出现的水俣病危害情况进行调查，同时要确认病因，给受害者一个妥善的安排与救济。

其实，早在20世纪50年代初，水俣海域就已经出现了水俣病患者，但是社会民众对于这件事情是不知情的，石牟礼道子是一个将这一资讯告知民众的重要人物。

1959年，石牟礼道子的长子道生出现了结核初期症状，她将孩子安排在水俣市立医院进行住院治疗，而在照顾道生的过程中，石牟礼道子发现了专供水俣病患者使用的新病房，那些患者在病房屋顶的平台上来回穿梭，这让她产生了了解这种病的想法。

另外，猫的异常也让石牟礼道子意识到水俣一定发生了什么大事。汤堂和茂道等渔民村落，老鼠肆行咬坏了许多渔网，一些人家便想出用养猫的办法来对付老鼠。石牟礼道子家中养了很多猫，猫下了崽后，外公松太郎就划着钓鱼船挨村去送。一位经常光顾石牟礼道子家的市会议员讲了关于猫发疯的怪事，这更坚定了她追查怪病根源的决心。

1959年9月，石牟礼道子第一次走进"奇病"病房。她目睹了患者艰难度日的场景，让她感到极为震惊、痛苦和悲伤。从那时开始，她的文学创作开始关注水俣病。1960年1月号"文学同好村"上的《奇病》，就是后来的《苦海净土：我们的水俣病》的开篇部分。发表《奇病》之后，石牟礼道子便投入到水俣病的反抗运动中，并于1968年创建了民间团体"水俣病反抗运动市民代表大会"，强烈要求日本氮肥公司赔偿受害者，并协助受害者提出诉讼。她尽自己的最大努力帮助患者，她不仅帮助他们起草请愿书，而且还会主动地与他们一起参与静坐，后来这一抗争运动愈演愈烈蔓延到了全国，全国各地、来自不同阶层的人们都参与了这次的抗争，而石牟礼道子就为这场抗争运动中最为核心的人物。在她的影响下，她的家人也与她站在了一起，积极地投身在抗争运动中，许多人都成了其不断抗争的重要支柱。她一直都在为这件事所奔走，直到晚年，她都还在坚持为水俣病患者发声。

1965年12月，《海空之间》在《熊本风土记》创刊号上刊载，1966年末连载完毕，这就是1969年更名为《苦海净土：我们的水俣病》的惊世之作。该小说描写了水俣病患者的苦痛及其发自灵魂深处的呐喊，在社会上引起巨大反响。石牟礼道子本人也因《苦海净土：我们的水俣病》及此类小说的创作，成为生态文学作家的代表，在日本文坛上获得了很高的美誉度。1969年和1970年，《苦海净土：我们的水俣病》被先后授予熊日文学奖、首届大宅壮一纪实文学奖等，但均被石牟礼道子婉拒，她拒绝领奖的理由是，个人的荣誉不能建立在水俣病患者的痛苦之上。直至今日，《苦海净土：我们的水俣病》仍被不断再版，《中央公论》《文艺春秋》等日本知名杂志策划的战后最有影响力的10部作品中，一定少不了《苦海净土：我们的水俣病》的身影，可见该作品的巨大影响力已是根深蒂固的了。

《苦海净土：我们的水俣病》之后，石牟礼道子又于1974年11月发表了"苦海净土"三部曲之三《天之鱼》，该书由筑摩书房出版。三部曲之二《神灵的村庄》虽于1970年9月至1989年在井上光晴编辑的季刊《边境》连载，但出于种种原因，直至三十年后的2004年，即石牟礼道子全集出版之时才完稿，2006年10月才发行了单行本。所以，一直等到《神灵的村庄》与读者见面，"苦海净土"三部曲的创作才算真正结束。

此外，石牟礼道子还创作了《山茶花海记》《翻花鼓记》《魂之鸟》、能剧《不知火》《十六夜桥》《羞怯之国：石牟礼道子全诗集》等作品。1993年，《十六夜桥》获紫式部文学奖。2003年，《羞怯之国：石牟礼道子全诗集》获2002年度艺术选奖文部科学大臣奖。2006年6月，79岁的石牟礼道子荣获熊日奖，2013年2月，《石牟礼道子全集不知火》本卷完成，时年86岁，是为数不多的在世期间出版全集的作家。

石牟礼道子著述颇多，有小说、诗歌还有能剧。"苦海净土"三部曲的《苦海净土：我们的水俣病》《神灵的村庄》和《天之鱼》堪称最具代表性的生态文学作品。

"苦海净土"三部曲之一的《苦海净土：我们的水俣病》内容涉及从公害认定到结成"水俣病对策市民会议"这一时期的事件，基本属于对水俣病未社会化、政治问题化之前受害者默默忍受痛苦那一阶段的描述。三部曲之二的《神灵的村庄》，描写的是1969年九个患者家庭提起诉讼到第二年出席日本氮肥公司股东大会，即"诉讼派"运动最终受到社会关注的时期。而三部曲之三的《天之鱼》主要反映的是1973年诉讼判决之后所发生的事件。实际上，作者并没有挨家挨户去采访取材，很多材料是间接获取的。关于这一点，她作了如下的解释："《苦海净土：我们的水俣病》发表之后，有人觉得我当时应该是拿着本子，挨家挨户采访了患者家庭。实际上我根本没有去过。当时并不是觉得不能直接闯入素不相识的患者家中去。而是觉得采访这种事，对职业作家或者有志于此的人而言可能是理所当然的行为。但我并不是因为想就水俣病写些什么而去汤堂和茂道的，而是感觉发生了什么重大的事件，担心至极，想要弄个明白所以才去的。"① 其实，从上述情况可以知道，作者与患者接触的机会并不多，仅仅是到过患者家三次。她推出的三部作品都是十分典型的生态小说，在小说中她使用了写实与虚构交织的手法，让人们在深入小说的同时又能结合现实情况进行深度思考。在她的小说中，"水俣"是水俣人长期生活的地方，他们对这个地方有着自己的迷恋，他们热爱自己的家乡。石牟礼道子是地道的水俣人，她能体会到家乡人的苦楚，这就是为什么她即使没有与患者做过多的交流也能对他们的心理活动进行清楚描写的原因，身处其中的石牟礼道子能体会他们的绝望与痛苦。

第二节　反映自我意识的日本文学

一、自我意识的提出

在日本中，"私"的意思就是"我"，在小说中，"我"具有多重身份，不仅是私小说的创作者，而且还是私小说的主人公，从小说的情节上来看，所有的小说情节都是与"我"的生活紧密相关的。私小说是在五四时期由日本传入中国的，将这一小说形式带入中国的多是那些在日本留学的文学青年，他们有鲁迅、郭沫若、郁达夫等。私小说是有着极强的自传体色彩的小说，因为五四时期的文学青年们将其称之为"自我小说"，在他们看来，私小说的核心应

---

① 石牟礼道子. 葭の渚：石牟礼道子自伝 [M]. 东京：藤原书店，2014：312-313.

该被定位为"自我"是私小说的核心,而将自我展露的程度决定了私小说的质量。私小说中的"自我"包括两个"自我",一个是"真实的自我",另一个是"封闭的自我",作者追求极致的真实,他们选择将自己内心深处的欲望暴露出来,他们试图在小说中坦然面对自己的内心,尤其是会将自己内心深处的邪恶暴露在人前并进行忏悔。私小说的产生其实是客观现实对个人不断施加影响的结果,在社会政治高压之下,人开始有意识地将自己限制在一个封闭的环境中,他们不再过度关注社会,而是关注自我,关注内心的自我。但笔者需要指出的是,一味地关注自我导致作者的视野太过狭窄,以至于其作品仅仅是一种将自己的痛苦反映出来的作品,并不具备社会性特征。从这里其实也可以看出,在面对日本的私小说时,我们应该正确地认知它,它彰显的是作者自己的独特个性,那些同意作者观点的人才会为这类小说所吸引,它一般无法得到大多数人的青睐。更为重要的是,阅读这类小说无法使人们从中了解到日本文学或者日本文化的某些共性,因而可以说,私小说的局限性一直都是显而易见的。

二、太宰治文学创作中的自我意识

说到日本的"无赖派"就不得提其代表人物太宰治,他写出了不少优秀的作品,最具代表性的当属《斜阳》和《人间失格》。其中,《人间失格》是太宰治的最后一部小说,也是"私小说"领域中不容忽视的一部名著。小说使用的是第一人称视角,小说主要描述的是,主人公大庭叶藏因无法适应外部世界而出现了内心惶恐、痛苦的情况,他选择一次又一次的自我伤害,最终他终于"丧失为人的资格"。作品中有着丰富的主人公的独白,同时还有着许多合理的心理描写,正是靠着大量的独白与心理描写,作者营造出了一种压抑而毁灭的氛围,进而一种独特的自我意识也被表达了出来。

(一)作者的自我意识

《人间失格》的主人公叶藏的形象其实就是太宰治的一副自画像,作者将自己真实的情感经历融入了作品中。太宰治生活在一个富裕的家庭中,他是青森县豪族之家的小少爷,但是,优越的生活并没有让他感觉到一丝幸福,相反,生性敏感的他在这个家中喘不过来气,总是感觉到无尽的压抑,甚至他非常惧怕自己的父亲。就是在这样的成长环境中,太宰治独特的个性与气质形成了,他无法与外面的世界"交流",他常常只能从外界世界中感受到无尽的绝望与痛苦,因而他开始妥协,他放弃了世界,开始直面自己的内心。太宰治经历了五次自裁,其中三次都是跟女人有很大的关系,他最后也是与自己的情妇一起殉情而死的。

作者将自己的人生经历置入《人间失格》这部作品中,将自己的内心完全暴露了出来,这部作品是独特的,其独特性体现在作者运用艺术性的表现手法在作品中呈现了两个"我","我"即是他者。

(二) 叙述者的自我意识

1. 三个"我"的分离

《人间失格》虽然脱胎于作者的生活情感经历,但其自身却表现出独立性。太宰治的作品通常都是第一人称视角,而《人间失格》中则出现了两个"我",叙述者和主人公。首先,作者太宰治、讲故事的叙述者和主人公叶藏三个"我"之间就内在的精神联系来说似乎是不可分割的,作者太宰治正是通过这两个形象来表达"自我"的。其次,作为小说来说,三者又是必须分开的。如同众人提及的镜子,作者太宰治把自己技巧性地交给作品,当他在镜前意欲描摹"自我"时,叙述者的"我"也好,主人公"我"也好,这个成像已经与镜子构成另一个"自我"了,这个时候,多重的声部响起,我们必须要抛开作者太宰治因为顾影自怜而造成的干扰,认定两个"我"已经是两个独立的主体。

2. 叙述者的叙述

当我们揭去作者太宰治"我"这一层后,就必须要在这两个主体之间再次进行讨论。因为讲故事的叙述者"我"似乎又对主人公叶藏"我"造成了干涉。首先,叙述者"我"对叶藏"我"进行了赤裸裸地观察,开篇即"我曾见过三张那个男人的照片",读者似乎已经落入了叙述的圈套之中。"照片"代表着记录、暴露与窥视。照片中,"那个男人"三个不同年龄时期表现出不同的个人气质:幼年时的脸上是"猴子一样皱成一团的笑容";少年时俊美的脸上"同样没有活人的气息",笑容像"鸟轻盈的羽毛";而第三张照片已经无从推测其年龄,那张脸上不仅没有了表情,甚至都"不会给人留下任何印象"了。而叙述者"我"对"那个男人"大庭叶藏却给出了三个相同的评价:"诡异"。叙述者"我"为了表明自己与照片中的主人公是没有关系的,竟在后记中解释道并不认识写下这三篇手札的疯子。讲故事的叙述者"我"竟然从酒馆里跳了出来,兀自向读者转了头,急迫地证明起"自我"的存在了。这是作者太宰治令人可笑的一笔,却也是他独特之处。不得不说的是,虽然两个"我"都是独立的,但这种干扰也是必要的。叙述者讲到的照片也好,评论也好，都是叶藏存在的证明。或者说，叙述者的存在即是叶藏存在的证明。

（三）主人公的自我意识

主人公将自我意识的重点放在了"耻"感上，这恰恰就是主人公独特之处的一种表现。"耻"的产生是人内外道德观念相互作用的结果，主人公叶藏其实十分了解这一事实，但他也明白自己是无力改变的。对于主人公叶藏和作者太宰治来说，他们的内心世界始终都是充满痛苦的，他们用一次次的自戕告诉世界自己的存在。

三、吉本芭娜娜文学创作中的自我建构

吉本芭娜娜，本名吉本真秀子，是日本著名文学评论家、思想家吉本隆明的次女，也是日本当代著名女小说家。

吉本芭娜娜小说的主题多围绕"治愈""成长""死亡""孤独""自我迷失"等展开，虽然涉及了较多的超现实内容以及东方神秘文化，但最终吉本芭娜娜将文学的目标放在了现实价值的层面。例如以"死亡"这一主体来说，它几乎出现在吉本芭娜娜所有的小说中，更是各种神秘现象产生的前提条件。但是吉本芭娜娜对这种神秘文化的描述中最让人叹为观止的地方在于它对文化表象与背后价值内涵两者关系之间的微妙把握。具"在芭娜娜的文学世界中，死亡的色彩却与众不同，既没有痛苦不堪的漫长煎熬，也没有生命枯竭时的最后挣扎。尽管死亡总是降临得异常突然，毫无预兆，却并不具有直捣心魄的摧毁力量，而是往往于无影无形之中呈现出一片别样的宁静。"[1] 正因为吉本芭娜娜的死亡如此祥和安宁，所以她作品中人物经常能平静地与死亡的人进行交流，进而通过亡灵获得重生的勇气。即便是《厄运》这样贯穿一个人整个死亡过程的作品，吉本芭娜娜也没有把它写得阴暗狰狞，她虚化一个生命的陨落过程而突出另一个生命的重生——作品中姐姐的生命逐渐停止，照顾姐姐的妹妹在对姐姐的回忆中更加深刻地体验到生命的珍贵。吉本芭娜娜用朴实的语言描述着这些神秘的事物，灵异却不可怕，它们往往给予人物救赎的契机，营造了一个温馨感人的超现实空间。在超现实的空间里吉本芭娜娜强调现实生活中亲情、友情、爱情、生命的珍贵，她的小说顺着现实关怀的主线跨越着不同的空间。

吉本芭娜娜的小说是一种与一般的小说不同的小说，小说不仅展现了大量

---

[1] 周阅. 吉本芭娜娜的文学世界 [M]. 银川：宁夏人民出版社，2005：263.

的日本古典文学的审美情趣，而且还展现了后现代超现实的写作手法。但在小说创作之外，她又勇于承担自己对社会的责任，试图通过自己的作品去抚慰社会上那些"自我"绝望的人，让更多人都能勇于面对自己的生活。在吉本芭娜娜的小说中，她注入了大量的人文关怀，她所希望的很简单，就是期望人们能从小说中感受到生的勇气，体会到生命的宝贵，了解到生活的真谛，能不为生活所累，而是勇于直面生活。

第三节 凸显女性主义的日本文学

一、女性文学的形成

在幕府封建统治时期，日本的男性要比女性的地位高，这可以从许多方面体现出来，文学领域也不例外，男性文学几乎统治了整个日本文坛。一直以来日本女性都受到压迫，她们也希望发出自己的声音，也希望表达自己的诉求，当封建统治被推翻之后，女性的机会来了。许多有知识的女性纷纷站了出来，她们接受了西方男女平等、自由民主的思想，并且将这一思想应用在文学创作上。日本女性文学在这一时期开始出现并且发展。女性认为应该自述自己的遭遇，这样才能让其他人感同身受，因此她们将文学创作的目光转向了私小说，她们将自己的真实遭遇写入小说中，一字一句都是她们对长期以来受到不平等对待的控诉，她们不仅呼吁女性应该勇敢站出来，表达自己的诉求，捍卫自己的权利，而且还呼吁男性，让其明白男女是平等的，男性应该尊重女性。在这一时期，不少女性作家涌现了出来，她们运用自己的笔写出了许多优秀的著作，除了女性作家之外，还有一些男性作家也加入了为女性争取权利的创作中。日本女性文学并没有故步自封，许多作者开始打破固有的女性创造体裁限制，将自我的文学想象力应用在了其他体裁的创作上。

二、野上弥生子文学创作中的女性形象

野上弥生子是日本现代女作家，1907年以处女作《缘》登上文坛，1985年在长篇小说《森林》的创作过程中去世。野上弥生子在其漫长的作家生涯中，塑造了丰富多彩的女性形象，其中包括隐忍顺从、尚未觉醒的传统女性，

日渐觉醒、向往自由恋爱的女性，积极参与社会实践的新女性，战后日本下层社会中的女性等。

（一）尚未觉醒的传统女性形象

所谓"尚未觉醒的传统女性形象"，主要是指认同传统的家族制度，且自我意识尚未觉醒的女性形象。这类女性形象主要集中于野上弥生子初期创作的作品中。

野上弥生子所创作的第一部作品是《明暗》，但她公开发表的第一部作品则是小说《缘》。从创作时间来看，《明暗》创作于1906年，稍早于1907年的《缘》。作家在这两部作品中，均以年轻女性为主人公，且都将其塑造为认同传统家族制度的女性形象。《明暗》主要讲述了女主人公幸子将绘画当作自己毕生追求的故事。从表面上看，幸子似乎有着自我的艺术追求，并非一位传统的日本女性，但这只是其外在的一面。幸子在对自我家庭的思考，以及在对女性恋爱、婚姻等方面的思考仍未摆脱传统家族制度与伦理道德的束缚，例如，她仍旧恪守着日本传统的家族制度，在父母去世后，听命于继承父权的哥哥。幸子这一人物形象表面上一心向往艺术，展现出具有时代气息的一面，但在内心却认同传统的家族制度。这种人物内在与外在的背离，在一定程度上导致了人物塑造方面的不合逻辑。也正是在这个意义上，夏目漱石曾指出："幸子愿将一生都奉献给绘画这一点是可以的。但是这位妙龄女子为何会有此想法？如若不交代其原因，文章就会显得不自然。"[①]《缘》是野上弥生子公开发表的第一部小说。《缘》主要讲述了十八岁的寿美子听乡下的祖母讲述寿美子父母亲婚恋的故事。女主人公寿美子被作家塑造为涉世未深、单纯的女学生形象。夏目漱石也认为，这部小说写出了"明治才媛们未曾写出的情趣"。但从小说的字里行间也可以看出，对于父母传统的婚恋习俗，寿美子并没有进行任何反省与批判，而只是对自己未来不可把握的婚姻感到不安与迷茫。

（二）日渐觉醒、向往自由恋爱的女性形象

野上弥生子在初期创作中，集中塑造了诸多认同传统伦理道德的女性形象，在此之后，随着日本社会的现代化进程、国内女性运动的逐步展开，加之野上弥生子在自由开放的明治女学校的求学体验，日渐觉醒、向往自由恋爱的女性形象便逐渐成为野上弥生子作品的关注点。当时，野上弥生子已从求学六

---

① 野上弥生子．野上弥生子全小说14［M］．东京：岩波书店，1997：636．

年的明治女学校毕业。明治女学校于 1885 年由木村熊二与镫子夫妻二人共同创办。这所学校尊崇基督教精神,营造出一种无拘无束、自由自在的氛围。而且,木村夫妇于 1885 年创立了《女学杂志》,站在女性的立场上主张"男女同权""恋爱自由",致力于提升女性地位与女性素养。因此,在明治女学校这六年的求学体验,无疑促使野上弥生子去思考日本女性的社会处境,并将其对日本女性命运的思考融入文学创作中。

野上弥生子在《来自曙之窗》《写信的日子》《一个女人的信》《洗礼之日》《加代》等一系列作品中,集中刻画了日渐觉醒、向往自由恋爱的女性形象。例如,《来自曙之窗》是一部体现女学生对恋爱与婚姻的思考的作品,主要讲述了女主人公光子的学生生活以及她在面对恋爱与婚姻时的疑惑与思考。光子用书信体形式将自己对恋爱、婚姻的思考,以及对知识的向往、个人的成长与学校中有趣的事分享给写信对象龙子,从而呈现出她那复杂而又敏感的内心世界。光子的父亲是一名基督教徒,但他并没有强迫光子也信教,而是给予她充分的自由,鼓励她在以后的人生道路上,要时刻审视自我内心的情感,保持对恋爱与婚姻的理性思考。

(三) 积极参与社会实践的新女性形象

明治维新以来,日本女性逐渐觉醒,她们创办报纸杂志,积极参与社会实践,并出现了具有自我意识与独立思想的新女性群体。1911 年,《玩偶之家》首次在日本上演,女主人公娜拉逐渐成为日本新女性的象征。同年,平塚雷鸟等人组织成立了日本第一个女性的文学结社"青鞜社",并发行同人杂志《青鞜》。野上弥生子本人也与《青鞜》有过短暂的交集。在《青鞜》创刊初期,野上弥生子为杂志写过多篇文章,并且,她与杂志后期的实际负责人伊藤野枝也有过交往。而这些,自然而然地成为野上弥生子观察与思考那些积极参与社会实践的新女性绝好的体验与素材。

野上弥生子在《她》《真知子》《迷路》等作品中,就集中塑造了这些积极参与社会实践的新女性形象。《她》是以"青鞜社"的伊藤野枝为原型创作的小说。野上弥生子与伊藤野枝的相识源于《青鞜》杂志。她在《来自染井(一)》中称伊藤野枝是"一位正直而又淳朴的,有着强烈的上进心和纯真热情的可爱的人"[1]。但是,后来伊藤野枝在思想上受到大杉荣的影响,被牵连而惨遭杀害。对于伊藤野枝,野上弥生子似乎并不认为她是一个彻底的社会主

---

[1] 野上弥生子. 野上弥生子全小说 2 [M]. 东京:岩波书店,1997:143.

义者，她写道："她有什么罪？就她与社会主义的关系来说，如果我的看法没错的话，那也只不过就像百姓的妻子跟着丈夫去地里干活一样。如果大杉氏是贵族或有钱人的话，伊藤也会很高兴地去享受贵族或有钱人的生活吧。"① 也就是说，在野上弥生子看来，伊藤野枝的信仰并不彻底，是受男女间的恋爱情感所支配的。以上便是《她》这部作品的创作背景及人物与故事原型。小说以伸子与柳泽的交友为主线，讲述了新女性间亲密的姐妹情谊、她们对成长的渴望及在成长道路上的羁绊。伸子与柳泽的人物原型分别为野上弥生子与伊藤野枝。伸子虽然欣赏柳泽为了自我的成长所做的努力，但并不赞同她那缺乏理智的做法。就这样，野上弥生子塑造了一位奔走在女性解放前线的新女性形象，在赞美其善良而又高贵的人格的同时，又对其恋爱至上主义的人生观表示了质疑。

（四）战后日本下层社会中的女性形象

在作家生涯的后期，野上弥生子仍旧在多部作品中塑造了丰富多彩的女性形象，例如，《笛》《铃兰》等作品均以女性为主人公。《笛》与《铃兰》这两部作品有一个共同点，那就是将视点置于社会下层女性身上，刻画了战后日本下层社会中的女性形象。《笛》是一部关注家族中两代人之间矛盾与纠葛的小说。小说以津子为主人公，以其对家的渴望与憧憬为主线，围绕其与儿女在家庭观念上的矛盾与冲突而展开。津子未能从儿女那里获得自己的栖身之所，最终万念俱灰而只能选择结束自己的生命。由此，作家便塑造了一位陷入传统与现代夹缝的尴尬处境之中的母亲形象。正如濑沼茂树所言："弥生子在小说《笛》中描绘了一出平民家庭的命运悲剧。其中既涉及日本家族主义的衰败，又刻画了姐姐与弟弟的自私自利以及年迈母亲所品味的孤独与幻灭。"②

《铃兰》是一部刻画了社会底层女性命运遭际的小说。野上弥生子起初想把题目定为《日阴之花》或者《一隅之草》，其中的"日阴"与"一隅"这些词汇，无不透露出野上弥生子笔下这一处于社会边缘的女性群体。女主人公龙村慧业务能力强又有干劲，所以在公司里很受重视。她不想结婚，只是一心扑在工作上。父亲很早就抛弃了她和母亲，而母亲又长年卧病在床。她与邻居的儿子三太青梅竹马，但三太在太平洋战争中失去了年轻的生命。现在，她有意识地与恋爱和婚姻保持一定的距离。后来，在关系亲密的同事多美子听从家

---

① 野上弥生子. 野上弥生子全小说3 [M]. 东京：岩波书店，1997：435-436.
② 濑沼茂树. 野上弥生子の世界 [M]. 东京：岩波书店，1984：222.

人安排的婚姻之后，她们的友谊就宣告结束了。新来的邻居江崎夫人无论做什么事情，都是以丈夫为其生活的唯一目的与意义。显然，这与龙村慧的追求相去甚远。就这样，野上弥生子在小说中塑造了这样一位出身下层社会、远离了世俗的恋爱与婚姻、经济独立、有自我价值追求的女性形象。

第四节 独具特色的日本动漫艺术

一、日本动漫艺术的发展历程

日本动漫艺术从12世纪就开始发展，平安时代的《鸟兽人物戏画》被认为是日本最古老的漫画作品。在这之后日本漫画家北泽乐天于1905年创立《东京パック》，对日本讽刺漫画的发展贡献很大。至于少女漫画的先驱作品当属于乐天从1928年开始在《时事漫画》连载的《とんだはね子》。1915年，日本漫画家冈本一平创立漫画家团体东京漫画会（也就是以后的日本漫画会）。这些都为后来动漫的兴起铺下了垫子。

到了第二次世界大战时期，日本的动漫产业发展出现了明显的衰退现象，之所以会出现这种情况，主要是因为：第一，政府制定的法律限制了动漫产业的发展；第二，全社会出现了严重的用纸危机。直到第二次世界大战之后，日本的动漫产业才开始慢慢复苏。战后涌现出了不少优秀的动漫作品，手冢治虫的《铁臂阿童木》就是其中之一。随着电视进入家庭，人们不再满足于阅读漫画书籍，他们开始将漫画搬上银幕，就这样，日本的动画时代开启了。到了20世纪后期，漫画题材越来越丰富，全国范围内的漫画杂志数量也有了明显的增加，与此同时，网络漫画等文化也开始悄然兴起。漫画在第二次世界大战之后开始为更多的日本人所喜欢与推崇，他们中的某些人甚至开始将漫画作为自己的理想。

现在，日本的漫画产业已经十分成熟，借助各种先进的技术，漫画已经在电视、电影、互联网平台上获得了广泛传播，世界范围内都有着许多日本动漫迷。可见，日本动漫已经成为日本的一张名片，让日本因为漫画为人们所熟知，同时，动漫产业也成为日本经济的重要组成部分，创造了巨大的经济效益。

二、日本动漫对史诗品格的追求

日本动漫一直以来都有着对史诗品格的追求，二者有着十分紧密的联系。这种联系主要体现在日本动漫探索人与自然、世界的关系，探索人的终极价值，等等。现在，日本动漫完全成了一种商品，形成了一套成熟的产业链，尽管其题材丰富，但其中有着许多格调高雅的艺术品。之所以会出现这种情况，主要就是因为一直以来日本动漫都在坚守着对史诗品格的追求，这种追求可以从以下两个方面体现出来。

（一）故事题材的选择

从题材上来看，日本动漫与史诗有着紧密的联系。日本动漫所描绘的事物越来越多，所展现的事件越来越多，涉及人们生活的方方面面，那些人们普通的琐碎生活经过动漫家的处理就能成为一个个生动的故事，并且故事还能彰显出一种新鲜奇异的性质。

笔者下面就对日本动漫中的故事题材类型进行具体的分析。

1. 战争主题

不少日本动漫作品中都包含一些战争内容，即使作者并没有主观判断战争的正义与否，但他的确将一些战争元素融在了动漫作品中。

2. 复仇主题

复仇也是史诗作品中的常见主题，在这类主题中也通常会有战争的"影子"，但笔者需要强调的一点是，战争在这类主题中只是一个配角，作品的主角是各方力量不可调和的冲突所展现的戏剧性形态。因此，复仇故事描绘的核心应该包括两部分内容，一部分为故事主人公曾经受到的巨大伤害，另一部分为主人公在复仇过程中经历的磨难。

3. 寻宝主题

世界各国的史诗中通常都存在着寻宝的主题，对日本动漫进行分析，就会发现，日本动漫中也存在着不少寻宝的故事。不过，笔者需要指出的是，日本动漫讲述的是寻宝的故事，但是创作者往往会有所延伸，会对人们的宝物情结进行反讽与调侃。

（二）对神话的重视和创造性运用

日本动漫中也有许多对神话的重现或者对神话的创造性运用。日本动漫当然也有一些对现实世界的描写，但不少作品其实都是虚构的新世界，创作者们总是喜欢在动漫中加入一些超现实的东西，也就是说，一般会喜欢加入一些彼岸世界的元素。纵观大量的日本动漫作品，可以发现，不少动漫作品都或多或少地掺杂了一些神话内容，《圣斗士》《天空战记》等就是一类神话故事占比比较重的动漫作品，其甚至直接以神话传说作为故事发展的背景。在动漫作品中融入神话元素，为的就是要让神话元素可以在故事情节发展中发挥转折性的作用，也就是要决定情节的走向，要决定作品的风格。

三、日本动漫对狂欢文化的追求

日本动漫中总是在流露一种狂欢精神，甚至某些情节可以让观者情不自禁地发笑。喜剧作品向来在动漫作品中的占比非常高，即使在一些与喜剧不同的故事题材中，动漫家也会有意识地设计一些喜剧环节，从而使情节变得更加生动、有趣。可见，在不同题材的动漫作品中，喜剧元素的地位是突出的，作用是重要的。喜剧之所以成为动漫家重要的"座上宾"，主要因为两点：第一，对于大多数的受众来说，喜剧都是人们十分喜欢的一种文艺形式；第二，从构造形式上来看，动漫与人们发笑的生理机制存在某些共性。

滑稽是人们从动漫作品中容易理解也容易发笑的形式，因此动漫艺术家们在作品创作中都十分重视营造滑稽的氛围。动漫中的卡通造型一般都有着一些滑稽的意味，这种滑稽的意味常常带给人一种非常直接的愉悦感。滑稽成为展现动漫人物性格的一个有力要素，同时，它也成为促进故事情节不断发展的重要因素。在动漫作品中存在的各种滑稽人物与情节总是能发挥积极的作用，只要不影响情节的正常发展，动漫创作者总是尽可能地在动漫中安排一些滑稽的人物，在情节上安排一些滑稽的情节。

四、日本动漫对现代生活的体悟与反省

（一）对现代价值观念的反映

日本动漫所传递的价值观是丰富的，不仅包括人本主义、个体意识，而且还包括情爱伦理、功利主义等。笔者这里主要介绍一下其所传递的人本主义与个体意识价值观。在不影响情节与情感表达的情况下，动漫创作者们总是喜欢置入一些表现人道主义观念的情节，甚至有些动漫作品直接就以人本主义为故事的主题。比如，在动漫作品《新撰组异闻录》中，市村铁之助认识到了生命的价值，他认为人的生命高于一切，自己没有必要为了复仇丢掉自己的性

命,因而其选择了放弃复仇。

现代个体意识也是日本动漫想要传递的重要价值观。这里的个体意识并不仅仅指的是动漫人物张扬的性格,而且还指的是具有哲理意味的个体的言行。

(二) 对现代技术文明的反省与批判

日本动漫也十分推崇科学技术,不少作品中都呈现了一些科学技术的内容,主要包括两部分的内容,一部分为对科学技术在现代文明体系中的地位的探索与思考,另一部分为对科学技术在人的生活中所产生的影响的探索与思考。笔者下面主要简要介绍一下日本动漫作品中对机器人智慧与权利的关注的情况题。

机器人在一定程度上减轻了人们的劳动压力,同时还帮助人们解决了许多人无法解决的难题,因而现代人越来越重视机器人技术的研发与发展。日本是一个机器人研发强国,其推出了不少机器人产品,受到了世界人民的喜欢。在日本动漫作品中,机器人题材也是独树一帜的。《铁臂阿童木》《银河铁道999》《机动战士高达》《新世纪福音战士》等,著名的动漫作品都是机器人题材。在这些作品中,创作者不仅将机器人的雄姿展现了出来,而且还从更加深层的角度探索,思考机器人的智慧问题。机器人的智慧问题是一个十分深奥的问题,动漫当然无法给出准确的答案,创作者只是希望通过机器人题材的动漫作品唤醒人们对机器人文化的关注,从而使人们在现实世界中可以不断改进机器人技术。

日本动漫总是在传递着深刻的哲理,在机器人题材中,许多动漫家都暗暗提出了这样的一个疑问——机器人有何权利?许多动漫家认为人与机器人是不同的,前者不应该随意地决定后者的生死。在士郎正宗原作的作品《大都会》《苹果核战》中,人们常常会因为机器人犯的一些小错误而宣布它们的"死亡"。

第五节 类型丰富的日本舞台艺术

一、日本能乐

能乐是日本传统戏剧的典型形式,这里的能指的是技能、艺能的意思。能乐并不是直接产生的，它有着一定的孕育期，起源于中世纪前半期的田乐能和猿乐能，二者的相互影响、作用促成了能乐的诞生。

（一）能乐的脚本

能乐的演出需要脚本的支持，脚本在古代与现代有着不同的称谓，在古代它被称之为"能本"，而现在则被称之为"谣曲"。在能本产生之前其实已经有了"谣曲"，它已经出具台本的模样，不过其形式比较粗糙又不具有戏剧文学的性格，只是只是一种简单地对演员的演出心得予以记录的备忘录，是一种可以让观众尽情欣赏的手册，因而没有发展成真正的能本。

"谣曲"与以前的"台本"有着本质上的差异。最大的一个差异就是"谣曲"是词曲结合的产物，它由两部分组成，一部分为"辞章"，另一部分为"音曲"。"辞章"是由长诗组成的，具有明显的文学性特征。通常来说，"辞章"的篇幅并不大，但是却极其讲究。"音曲"吸收了"曲舞"，尤其是"幸若曲舞"的要素，有着自己的个性，可被分为两部分，一部分为"祝言谣"，另一部分为"曲舞谣"。在日本的传统戏曲剧本中，"谣曲"是最古老的剧本，有着十分特殊的价值。

（二）能乐的舞台

能乐是一种不折不扣的舞台表演艺术，由合唱部与音乐部一起来推动表演活动的进行。合唱部主要的任务就是演唱歌谣，所有的演唱者只需要在舞台的一侧演唱，不像其他演员一样在舞台上表演，因而他们通常没有必要穿上华丽的礼服。合唱部的人数并不固定，一般人数维持在 8~12 个，不能是奇数，因为要保证坐在舞台两侧的合唱者的数量是一致的，除了合唱者之外，还需要一个指挥人员指挥合唱者。音乐部主要的任务是演奏乐器，支持演唱者的演唱、表演者的表演。

戏剧表演需要表演的舞台，对于能乐表演来说也不例外，表演者也需要一个舞台，因此，应该为表演者打造一个特殊的能乐表演舞台，也就是要建立一个表演剧场。笔者认为，能乐表演剧场应该具有自身的特点。

首先，舞台应该划分为不同的部分，可以划分为四个部分，分别为正台、后座、右座、桥台，舞台的制作材料应该是扁柏木。舞台应该是一个正方形，面积没有必要建得特别大，能够容纳一定的表演者即可。场地的四边角应该再立几根台柱，以保证扁柏葺屋顶的坚固不坍塌。场地的四面中有三面是开放的，在这三面就可以设置观众席位，更重要的是，在舞台与观众席位之间不应该有任何的阻隔，从而能够使观众的观剧体验获得保证。在正台后面还连接着后座，这一场地有着多重功用，不仅可以被当作伴奏员、检场员的座席，而且还可以是演员暂时退场的候场地。在后座的后面还应该设置一块立壁板，我们可以将其称之为镜板。

其次，舞台一般情况下是不会设置布景的，后座的镜板就可以被当作舞台布景使用。表演者在表演的过程中还需要借助一定的道具，因而舞台上还会散布一些表演者需要使用的道具，结合道具的使用、表演者演唱的歌谣，观众能对舞台所营造的情境有准确的了解。

能乐舞台的搭建不需要复杂，遵照的是简约的原则，其也不需要华丽的舞台装置，只要表演者演技到位，演唱到位，那么，观众就能发挥自己的想象力对戏剧的情节进行必要的想象与思考。

（三）能乐的道具

表演者在表演能乐的过程中一般需要使用到三种道具，这三种道具分别为面具、戏装和扇子，从表演者使用的道具上其实也可以看出，道具与能乐的脚本、表演者的表演一样都具有朴素性特征。

能乐面具上面往往有着不同的纹理，都是人们自行雕刻的，其实，能乐面具也可以被看作是一种雕刻艺术的产物。日本的假面雕刻艺术有着悠久的历史，是日本比较具有自身特色的雕刻形式，它是对奈良时代的"伎乐面"和"舞乐面"的继承。一般来说，后者不仅会比前者小一些，而且还比前者薄一些。从奈良时代兴起，假面雕刻又经历了平安时代、镰仓时代、室町时代，在不断的发展中，"能乐"面具艺术终于形成了。

能乐的戏装有其特殊性，往往有着大长袖，人们将其称之为"长绢"或"舞衣"。男女使用的上衣是不同的，男性的上衣一般为大上衣，需要在腰间系腰带。女性的上衣一般为小上衣，没有必要在腰间系腰带。戏装中往往有着多样的花纹样式，绢的颜色也是多种多样的，从戏装中的染织工艺其实就能看到日本当时的染织技艺如何，经过分析，可以发现，日本的染织技艺其实与普通衣料的染织没有什么差异。在制作戏服时还应该考虑到表演者需要表演的角色，应具体根据表演者的角色制作合适的衣服。

相比衣服，假发应该是能乐表演最为重要的装扮之一，"鬘"就是一种极具代表性的假发。这种假发一般都是由女性人物使用的，具体来说，女性会将自己的头发从中间分开，然后将其隐于耳后，在后面抚结。当然，有些假发是男性与女性都可以使用的。

表演过程中表演者需要借助不同的小道具，其中，表演者使用最多的道具就是扇子，扇子与面具、戏装一起被看作是表演者使用的一体道具，三者经常一起出现。在能乐表演中，扇子也可有着"常扇"和"中启"的不同。前者与人们在日常生活中使用的扇子其实并没有太大的差别，因而它可以被使用在能乐表演中，但一般不经常使用；后者是一种半开的折扇，几乎所有的角色在表演中都会使用这种扇子。除了扇子、面具与戏装之外，表演者在表演过程中还需要借助其他的一些竹编道具，比如屋、车的道具等，因为这些道具都是用竹子编的，因此它们具有简素的特征，是需要人们在观赏过程中结合自己的想象力、道具去思考剧情的。

二、日本狂言

狂言作为独立的舞台艺能，是在室町时代的事，在此之前，狂言与猿乐能表里一体，浑然相融，有着十分密切的关系。随着不断地发展，狂言直接摆脱了能乐对它的限制，开始从能乐中分离出来，凸显自己的优势，形成了一种新的模式，这一新模式的主体为写实的演技。正是因为如此，狂言也成了一种独具自身特色的喜剧形式。

狂言的大部分题材都与普通民众的生活有关，其内容多为赞赏农民、仆人等的勤劳、勇敢与幽默，同时还会讽刺武士、僧侣等有权势的人。从这里可以看出，狂言重在写实，重在批判，而且其中还存在不少引人发笑的环节，演出者利用当代语言演出，普通民众也十分喜欢狂言。

（一）大名类

大名类是狂言的主要类别，又被称为大侯爷类，该类曲目最多，现存的《武恶》被认为是首屈一指的大曲。它描写大名让大管家杀一个他认为"怠惰"的仆人武恶，大管家从命到了武恶家，见武恶可怜，不忍下刀，让武恶逃生，并谎报大名说，他已将武恶杀掉。武恶去寺庙谢神时，巧遇大名，惊慌失措，大管家给他出了一个主意，让他装扮成幽灵，把大名吓跑了。最后的戏剧冲突，以喜剧的形式结束。在作者的笔下，武恶淋漓尽致地嘲笑、讽刺和诅咒了大名，而大名在智勇的仆人面前又显得那样无力、那样愚蠢，正如武恶最后给他扔下的那句话："您真是卑劣怯懦了！"

（二）僧侣类

僧侣类大多讽刺和挖苦僧侣的生活，比如《忘了布施》讽刺住持靠向施主乞求布施度日而又作清雅状。《柿子与山僧》嘲笑山僧偷树上的柿子吃,被柿主人发现,把他比作乌鸦、猴子、鹞鹰,让他学它们叫,学它们的动作,大肆耍弄一番。这些僧人在人们的作弄下,大都无法施展其"法力"。《骨皮》讲述了一个方丈唆使徒弟说谎的故事。方丈教徒弟说,若人家来借伞,就说师父撑伞出门,遇上狂风,伞变成骨是骨,皮是皮了。结果人家来借马,徒弟如此说了。方丈又教他,应说放马出去吃草,却发了野性,将腰骨跌断,不中用了。后来人家来请方丈主持忌日法会,徒弟又如此说了。于是方丈批评徒弟是个呆子,徒弟不服气地说:"有一天,'一夜女'不是来到了您门前,您招她到了您的卧房,那还不是发了野性吗?"这简短的话语,将方丈"挂羊头卖狗肉"的嘴脸描绘得惟妙惟肖。

(三) 女婿女人类

"女婿女人类"主要围绕男与女、夫与妻、女婿与岳父、侄儿与伯母等的各种纠葛而展开戏剧情节,反映了庶民日常生活中的矛盾和他们的心理活动。《花子》《石神》等都是这一类的作品。《花子》属于女人类狂言,描写昔日在美浓国住惯了的花子上京城,想来会见一个男子(主角),该男子支开不愿离开自己身旁的妻子,让老仆人做他的替身,假装在佛堂里坐禅,并给老仆人披上坐禅衾,他自己赶忙来到了花子身边。但是,他的这种策略被妻子发现后,妻子要老仆人给自己让出位置,自己披上了坐禅衾。男子早晨归来,以蒙着坐禅衾的妻子为对象,将他与花子幽会和分别的始末,用"小歌调"连说带唱讲出花子多么漂亮可爱,还讲了妻子的坏话。然后,他硬把坐禅衾掀开,一看不是老仆人却是自己的妻子,吓得魂飞魄散,逃之夭夭。早晨归来之后的后半段,几乎都是主角独演,用优艳的"小歌调"把自己的情事表达出来,这就要求演员必须具备高水平的技艺的。

(四) 鬼神类

"鬼神类"最有名的是《雷公》《八尾》《比颈力》等,借助鬼神来讽喻人间的种种世相。

以《雷公》为例,其描写的是京城里有个庸医,来到乡下行医。大藏流一来到广袤的原野,和泉流一来到武藏野,雷公就轰鸣。作为主角的雷公,腰间挂着羯鼓,倒在地上,疼痛不堪。雷公让庸医治疗,庸医诊断他为中风,给他腰间扎针。每扎一针,雷公就痛得要命。病治好了,雷公正想回去,庸医向他要治疗费,雷公说:"我降落你家来答谢你吧。"庸医说:"你要答谢，就希望你能保证不让我们干旱和闹水灾。"于是，雷公保证800年不闹旱涝灾害，让庸医当上典药官。雷公为他歌舞之后，就升天了。庸医一边嘴里念着"桑田桑田"的咒文，一边退场。该剧的主角雷公，戴着雷公面具或武恶面具出场，庸医运用巨大的针灸和槌，以及夸张的手法表演为雷公治疗，逗人发笑。

（五）杂类

凡是不能归类到以上四种曲目中的都属于杂类，杂类狂言，比较有代表性的是《钓狐》。老狐狸的狐狸家族全都被猎捕了，它化身成猎人的"伯父"去陈述意见。猎人改变心意，老狐狸高兴地回家了。归途中，老狐狸看见它喜好的食物油炸幼鼠，馋得不得了，但它想待我脱下沉重的衣物后再说，于是退场。猎人对刚才的"伯父"抱有怀疑，于是重整陷阱等待着它，老狐狸露出原形，最后落入陷阱，它拼命地挣扎，终于脱身逃跑了。

三、日本歌舞伎

室町时代末期，能乐和狂言对歌舞伎的面世产生了很大的影响，歌舞伎吸取了能乐、狂言的诸多要素，发展成复杂的音乐舞蹈剧，并走向了近世化、庶民化，成为集大成的综合的戏剧艺术。

歌舞伎是一种更壮观、更通俗易懂的戏剧表演形式。能乐精致、高贵，主要针对小范围的热心观众；歌舞伎则华丽俗气、热闹非凡，从诞生之日起就是为了逗众多的商人、小贩、妓女以及普通市民开心。歌舞伎表演铺张华丽，有耀眼的色彩、炫弄夸张的舞蹈和朗诵、火焰般的激情、精心制造的舞台机械装置和效果。在观看歌舞伎的过程中，日本观众反应激烈，常常在关键时刻高喊他们喜爱的演员的名字，或为演员呐喊助威。

歌舞伎大约出现在1600年的京都，由传说中出云大社的巫女阿国所创。阿国华丽妖艳、富于戏剧性的舞蹈表演在京都各大妓院和茶馆风靡一时，奢华的服装以及所有角色由女人扮演的事实，让日本人将这种表演形式命名为"倾"。随着一系列政府法令的出台，这一发展迅速、充满异国情调的娱乐活动在17世纪50年代，从全女性的表演艺术转变成了全男性的表演艺术。经过一番衍化，这一戏剧形式开始讲述比较复杂的故事——主要取材于传统神话和历史事件、当地的性丑闻和自杀事件以及古老的能乐，于是改名为"歌舞伎"。这个术语由三个汉字构成，分别代表了歌舞伎的三个重要组成部分：歌唱、舞蹈、技巧。

到18世纪时，歌舞伎演出已经有了幕布和舞台布景，剧作家的名字开始出现在节目单上，明星演员也已经出现，并开创了歌舞伎的两种主要表演风格：和事和荒事。和事由来自京都的演员坂田藤十郎（第一代）所创，是一种优雅、自然的"柔和风格"；荒事由来自江户（今天的东京）的演员市川团十郎（第一代）所创，是一种雷鸣般的"粗犷风格"。直到今天，这两派表演传统在歌舞伎艺术中仍处于核心地位，因为几乎所有的歌舞伎演员都出自十一个著名的家族，几乎所有演员的家族血统和专业世系都可以追溯到他们的歌舞伎表演本家。比如，当代的歌舞伎明星市川团十郎（第十二代）就是生于1660年的市川团十郎（第一代）的第十世孙子，几个世纪以来，广受推崇的市川流荒事就是通过父传子的方式流传下来的。

歌舞伎剧作虽然种类繁多，但主要作品不外乎两类：历史剧（时代物）和家庭剧（世话物）。历史剧常常以壮丽的手法，戏剧性地展现发生在遥远过去的重大政治事件，然而，对于过去的剧作家和演员来说，历史距离常常只不过是一个"护身符"，是在明显的历史外壳的掩护下，反映关于他们那个时代的王公贵族和政府官员的各种争议性话题。相比而言，家庭剧则多描写剧作家那个时代的市民、商人、情人和妓女的故事，集中表现爱情故事和责任感之间的冲突，而这种冲突在整个日本文化中都很强烈。大量的家庭剧以自杀结束，不少都是两个相爱的人立下来世相会的誓约，然后双双殉情而死。这样的剧作导致了现实中很多真正的自杀事件，所以这类主题一直是政府试图禁止的。

歌舞伎主要是"演员的戏剧"，因为人们对很多作品的作者都一无所知，作品也随着演员对内容的不断扩充而越来越丰富。但也有例外，歌舞伎剧作家近松门左卫门就是其中之一。近松门左卫门被认为是日本历史上最伟大的剧作家，同时，他还是一位著名的文乐木偶戏剧作家。

第六节 基于禅宗文化的日本庭园艺术

一、基于禅宗文化的日本石庭

石庭是一种主要使用自然石建造出来的庭园。这样的一种庭园建造方式首先是出现在室町时代的，它不仅彰显了当时日本的庭园建造技术水平，而且还在很大程度上推动了庭园建筑艺术的进步与发展。

临济宗的高僧梦窗疏石是室町时代最具代表性的造园师，在他看来，自然万物都有自己的本分。梦窗疏石亲自设计和建筑了"净土庭园"形式的京都的天龙寺庭园、镰仓的瑞泉寺庭园、甲斐的惠林寺庭园、美浓的永保寺庭园等。其中，最为杰出的是京都西芳寺庭园。西芳寺背靠松尾山山麓，前临西芳寺川。梦窗疏石利用山麓的一块平地，建筑舍利殿、佛殿、方丈等主要建筑群的同时，还营造了以取名黄金池为中心的苑池，池中建两座分别称为"白樱""翠竹"的中岛，以邀月桥相连，还建筑了湘南亭、湘北亭以添增景色，还利用山腹的斜面置石，构成类似"枯山水"的石组，并在苑池的一字直线上安置点景石，这是西芳寺庭园的主要特征。

把自然石看作是打造庭园艺术的主要材料的不仅有造园师梦窗疏石，还有造园师善阿弥。他始终坚持"空寂"幽玄的审美观点，并将这一观点运用在了实际的造园中，在他看来，中的山水与大自然中的山水并无二致，中的小石就是大自然中的小山，中的小泉就是大自然中的河流，也就是说，他旨在将打造成与自然环境相一致的幽寂环境。善阿弥建造的庭园有很多，最具代表性的有睡隐轩、上御所庭园、奈良大乘院庭园等。在建造这些庭园时都使用了写意式的手法，因而庭园中的事物都具有了象征性，同时也能将禅宗的自然观淋漓尽致地表现出来。

因为在建造庭园时使用的主要材料是自然石，因此，在具体建造时选采石就是一个十分重要的问题。有学者认为，每一位造园师在选择自然石方面都有着极强的敏锐力。因此，通过自然石所传达的理念其实都是人的理念，是造园师的理念。采石，其实是要了解石的"心"。就是需要造园师能与自然石展开对话，这样才能创作出"石组"。① 已经融入了禅宗思想的庭园艺术具有抽象性特征，这里的禅宗思想主要有两个，一个是冥想，另一个是自然观。

二、基于禅宗文化的日本枯山水庭园

（一）禅宗文化对枯山水庭园的影响

禅宗可以对日本枯山水庭园的打造产生影响，这里的影响主要表现为两点，一点是意境，另一点是形式。在进行意境描写时，枯山水会将"不立文字""自解自悟"的禅宗思想表达出来。枯山水庭园中的所有自然之物都有了自己的象征意义，比如，石块象征的是大自然中的礁石和山丘，白砂象征的是大海，等等，这就让枯山水庭园成了一种"精神的园林"。枯山水庭园与禅宗的结合就产生了一种"禅庭一如"的关系。此后，日本的枯山水庭园已经非常明显地受到了禅宗思想的深刻影响，让山水更加具有灵性。禅宗思想让日本的枯山水庭园具有了特别的美感——自然、简朴、幽玄、脱俗。

日本的枯山水形成了自己的特色，它放弃了池、水、花草等，组成庭园的要素变成了抽象的砂、苔藓、石等。这样的造园艺术能产生以下几个方面的意义：第一，禅宗推崇的是"心性"，认为自然之物都是由人的心产生的，枯山水庭园就要运用简单的意境让观赏者去感悟，让那些直观的自然之物给人以更加广阔的感受；第二，利用"非枯荣""去繁多"的手段来纯净人们的心理，是人们不再为妄想所牵绊；第三，庭园也向着简单化的方向发展，这其实是与"少即是多"的禅学理念相一致的。

枯山水庭园其实都非常排斥现实世界，它追求的是一种已经经过人为过滤的世界。庭园布局简单，形式也比较淳朴，甚至人们肉眼还能看到材料的原拙。枯山水庭园给人打造了一种空灵的境界，着重突出凝固美的艺术意境，这也是日本禅宗所追求的境界，在凄美和孤静的环境下，用内心的冥想和思考。

枯山水庭园追寻的就是一种"永恒"，这种"永恒"又表现了一种寂寥的观感。时间上的"永恒"总是给人一种无法排遣的沧桑感，死亡即是一种魂牵梦萦不变的去向。枯山水庭园尽力减弱园林中的声色诱惑，且阻止园林元素的选择和扩充。这一点和中国古典园林有很大的区别，中式园林喜欢用高大的

---

① 叶渭渠. 日本文化通史 [M]. 北京：北京大学出版社，2009：247.

灌木和乔木，表现正直、伟岸，有着大国的风范。日本谨慎谦虚，所以忠于实用苔藓等代表的草本植物，加上本土的民族文化造就了僧侣般的自律，心理上追求凄凉萧索的禅意和对生命的追问、思考，也是一种修行。

枯山水庭园为了突出永恒感和沧桑美采用了两种方式：其一为去除假山水的形式改为采用自然界的山水表现艺术的主要材料，正如刘希夷诗中写到的"年年岁岁花相似，岁岁年年人不同"对时光流逝的感慨，对自然界周而复始的季节变化中青山的生机勃勃，绿水则表现了生命的张力，用这种一年绿的短暂生命来征服永恒。"有限"给予了生命体在时间中不可逆的无奈及感叹。其二是去除了真山水的质感，采取砂石等质感代替花草。自然中的砂石冷峻、粗犷、坚固表现了一种无生命的沧桑之美，也是超越生命与时空的存在形式，如果说枯山水的形式是暗示了时光的永恒，那砂石的质感直接展示了时光的沧桑。

（二）枯山水庭园的建造实践

龙安寺方丈南庭可以说是枯山水庭园最具代表性的作品。就"枯"而言，龙安寺方丈南庭"枯"得最为彻底，除了石边的一些苔藓之外别无一草一木，给人以一种凛然孤傲的感觉。

园中共有 15 块大小迥异的山石，分为 2、2、3、3、5 五组置在白砂上，并缀满了苔藓，很容易让人将其抽象化为海、岛、林，产生另一种世界，构成了一望无垠的大海、星星点点地散落的小岛、岛上有着十分茂密的树林，树林中散落的石头和白砂并不代表什么实际的意义，可见，它们具有明显的抽象性特征。不过，笔者需要说明的是，这些石头其实并不是孤立存的，它们之间是可以相互影响、相互作用的，因而其大小、彼此之间的距离都是十分有讲究的。也许这些山石根本就没有什么实际的价值，就是一种简单地对空白空间的调和，主要就是不留空白空间，而其他的则需要观赏者充分利用自己的想象力。在园中，砂石是唯一的主角，并没有其他多余的花草与建筑物，但从整体上来看，整个园子还是构成了一幅美景。因此，有不少人认为可以将龙安寺庭园称为"空庭"。所谓"空庭"，就是以"空相"即"无相"作为主体。具体地说，以必要的界限，在恰到好处的地方，安置有限的、奇数的、不匀称的石，石底部缀满苔藓，以掩盖其肤浅，表现出"空"即"无"的状态，由有限进入无限，以引出一种"空寂"和"幽玄"的情趣，这样美的升华和表象化，才能发现自然的真实，收到变抽象为丰富境界的艺术效果。

如果说龙安寺是一个典型的抽象派的枯山水庭园的话，那么大德寺的大仙院可谓是典型的具象派的枯山水庭园。大仙院庭园在占地面积不到一百平方米的空间，以具象的手法，直观地展现了自然界大河山川的壮观景象，别具匠心，被誉为禅院式枯山水庭园的最高杰作，也是室町时代最具代表性的枯山水庭园建筑。庭园主要景观设在方丈东北庭，石组以两块石为中心，右边为观音石，左边为不动石。高耸的山石象征着须弥山，峭壁石组表现为深山峡谷，湍急的枯水瀑布飞流直下，穿过石桥后渐趋缓慢，流经堰堤，注入大海。在白砂形成的溪流中排列着数块山石，有鹤岛和龟岛，龟岛与鹤岛之间是蓬莱岛，还有达摩石、沉香石、坐禅石、佛盘石、独醒石等。

第五章 日本文化中的日语语言

日本文化依凭的外在形式，就是日语这一语言。由此可见，日语荷载了积淀着的厚重文化。渐渐累积得来的日本文化，吸纳了我国文明，它很近似我国的文化。然而，由于固有的地理差异、人文环境差异，经由长时段的变更及累积，日语又整合了独有的民族思维、自身若干特性，创造了独特文明。

第一节 日语的语言特点

一、发音

关于日本语的起源有多种理论。从句法上说，日语接近诸如土耳其语和蒙古语之类的阿尔泰语言。日语在句法上与朝鲜语相似是得到广泛认可的。也有证据表明，日语词法和词汇，在史前受到南面的马来波利西亚语言的影响。

从发音来看，日语音素较少，音节结构简单，日语在一个音节内没有高低变化，是通过音节之间的高低变化来表示不同的含义。

（一）元音

日语有五个元音，a、i、u、e、o，在世界语言当中，属于数量少的那一类。日语的元音当中，很有特色的是 u，发音时不一定要突出嘴唇，这和欧洲语言、汉语里的 u 不同。

（二）辅音

日语的辅音有清音和浊音之分。

1. 清音：清音类似汉语的送气音，但气息呼出时不像汉语那么强，发音时声带不震动。

2. 浊音：

发浊音时，声带开始颤动的时间比清音早。

（三）拗音

拗音是辅音"k""s""t""n""h""m""r""p""g""z""b"加半辅音"y"和元音"a""u""o"形成的。

（四）促音

日语中有一个实际上听不见声音的音节，叫促音。发音要领是前面的音发完后，堵住气流，形成一音拍的顿挫，然后让气流急冲而出，这种顿挫音叫促音。

（五）拨音即鼻音

只有一个假名。它既不能单独使用，也不能用于词首，只能接在其他假名之后，构成该假名的鼻音。

（六）长音

将一个假名的元音拉长一拍的音叫长音。

二、文字

日语中使用的文字有汉字、平假名、片假名三种。

（一）汉字

古代的日本是没有自己的民族文字的，人与人之间的交流仅仅依靠民族语言完成，后来，在汉文化影响下，日本学习汉文用以表意记事，直到公元5世纪中叶以后，日本才拥有较为系统的日语书写方法——将汉字用作表间符号。大约在隋唐时代，日本人开始学习和借用中国的汉字，八世纪后，这种将汉字作为表记符号的方法已经被普遍采用。汉字用于表示实物的名称或动作。日语中的全部汉字约有几万个之多，但是常用的则只有几千个。日本文部省1981年公布的"常用汉字表"，列入1946个汉字。在教科书和官方文件中，一般只使用列入"常用汉字表"中的汉字。单从意义上来讲，日语里的汉字大致分为以下四种：

1. 和汉语意义相同

比如："学生、学校、人口、国家、花、雪、雨、猫、银行、食堂、美术馆、杂志、电话、家、箱、父亲、母亲、兄弟、公园、男、女"等等。部分有语法实意的词都含有汉字且大部分与实意相关。所以通常即便是不懂日语，看到一个短句也能大概明白意思。

2. 和汉语意思大致相同

比如"春、夏、秋、冬、森、车、伞、医者、病院、洋服"等等，这类词，也需要注意发音和书写。

3. 和汉语意义不同

这类词，在注意发音、书写的同时，也要重点注意词义。

4. 日本自造的汉字

日本文字受汉字影响极深，日本人民在中国造字法的指引下自造汉字，对于这类词，要格外注意其书写、发音以及意义。

（二）假名

日本文字是在汉字的基础上诞生的，都是从汉字字形假借而来的，因此被称为"假名"。假名的类型有平假名、片假名两种。

1. 平假名

平假名的主要用途就是表现具有语法功能的词汇，日本人在汉字草书的基础上将其创造出来，它可以书写所有的日语发音。

2. 片假名

片假名的主要用途是记载特殊词汇，比如外来语、拟态词、拟声词等，除此之外还可以用于记载一部分动植物的名字。片假名的创造以汉字楷书为基础，结合了汉字的偏旁部首以及一部分罗马字。当片假名中出现了罗马字，一般会以略语形式表示外来语，或者会以简称的形式表示日语词语，多用于招牌或广告，和其他语言一样，日语中也使用数字。

三、语法

（一）粘着

在日语中，功能词具有重要的作用，它一般位于内容词之后，内容词在被粘附上功能词之前是不能入句的。内容词在句中所发挥的作用以及其在句中与其他词语的关系，都是由其后所粘着的功能词决定的。其中，内容词包括数词、代名词、名词等；助词属于功能词，它不仅可以黏附在内容词之后，还可以粘着在词组、句子之后，其形态始终不会发生变化，其功能除了前文所说还包括完整句意、增添语感等。

（二）活用与粘着

在日语中，词类活用的用法十分常见，助动词、动词、形容动词、形容词等都可以被活用以充当句子成分，活用与粘着经常被同时使用。词汇的活用分为两种情况：一，词语活用后即可入句用以表现一定的语法意义，包括命令形、连体形、终止形以及连用形的部分用法；二，词语活用后不可入句，仍然需要粘着一定的助词、助动词等。

（三）语序

日语的语序是兼有固定性与灵活性特征的，这两重特征是通过句子成分顺序表现出来的。一般情况下，日语的状语、定语位于被修饰的词语之前，而谓语一般位于句子的最后，这体现了日语语序的固定性；但是，由于功能词能够赋予内容词一定的句子成分地位，比如主语、宾语等，所以句子成分的顺序并没有严格的限制。

第二节　日语中的称谓词、寒暄语与外来语

一、日语中的称谓词

（一）日语称谓词的种类及特点

称谓词是人类社会发展过程中出现的产物，是一种人类共同文化现象。每个民族既拥有普遍的、与世界其他各民族相同的称谓词，也拥有从深厚的历史沉淀以及独特的民族经历中留存的称谓词并且这些称谓词会因时代变化而产生不同程度的改变。日语称谓词的发展过程也是这样的，它自成一套体系并拥有具有一定的特殊性。以现代日语的视角分析，日语称谓词包括以下几种：

1. 职业类

职业类称谓词即以所从事职业名称称呼某人，在日语的语言习惯中，人们在使用职业类称谓词时，应将尾词接于其后，或者将接头词接于其前，再将尾词接于其后，日语职业类称谓词的种类十分丰富。

2. 身份地位类

身份地位类称谓词与职业类称谓词相近，是下级对上级的最优选择，使用该称谓可以充分表现出使用者对被称呼者的尊敬，也表现出使用者的礼貌、恭敬。身份地位类称谓词常常用于称呼有权势的人，可以单独使用，也可以将其接在姓氏之后或加上接尾辞使用。

3. 亲属关系类

亲属关系类称谓词是人类社会普遍存在的称谓词类型，人们普遍以使用者为中心，根据被称呼者与自己的关系来确定具体的称谓，日本也采用这种称谓方式。日本人在使用该类称谓时与中国人的使用习惯略有不同，他们只强调辈分的尊卑，不标明亲属关系属于父系或母系，不标明亲属关系的排行，也不标明亲属关系是直系或旁系。

4. 姓名类

姓名类称谓词也是人类社会普遍存在的称谓词类型，在日本，通过观察某一姓名称谓词，可以了解到被称呼者在上下层级中的地位、被称呼者的性别以及该称谓的大致使用场合等，这些内容都是能通过接尾辞表现出来。日本的姓名类称谓词还因使用者与被称呼者之间关系的亲疏而有所不同：若使用者与被称呼者之间的关系比较亲近，则可以直接称其名；若使用者与被称呼者之间的关系不是特别亲近，则可以称其姓或者称姓名全称。

5. 人称代词类

人称代词作为人类社会普遍存在的称谓词类型，并不表示实质性概念，其发挥着代替人名称的作用，是具有指代性质的称谓词。日语中的人称代词比其他语言的更为复杂，具体表现在以下几个方面：

第一，在日语中，人称代词具有鲜明的暗示性、间接性特征，多来源于实词性名词。第二，人称代词因场合、被称呼者性别而有所不同，比如口语与书面语成为并不相同，男性使用者不能使用女性使用者的称谓词，反过来也是一样的。第三，日语人称代词种类丰富，使用者面对不同群体可能会采用不同种类的人称代词，比如，对下级和较为亲近的人使用一种人称代词，对上级和不那么亲近的人使用另一类人称代词，人称代词的应用类型往往随着上下级关系和远近亲疏关系的变化而变化。第四，由前所述不难看出，在指向同一个人时，日语人称代词的变体是多样的。第五，日语人称代词所体现的价值取向是富于变化的，如今一部分第二人称的称谓带有轻视对方甚至斥责对方的意味，但在此之前，这些称谓都是敬称，被人们用来表达使用者对被称呼者的尊敬，随着时间推移与实践的发展才逐渐发生了变化。

(二) 日本人际称谓的选择

如果说日语称谓词属于语言领域，那么称谓词的选择与使用就涉及社会交际领域。在实际的人际交往过程中，称谓词的选择与使用应根据被称呼对象的不同而做出相应改变，人们在选择称谓词时，应该参考当下社交的实际情况，通过称谓词这一工具达到一定的社交目的。称谓词具有特殊性，在日本民族独特的社会实践发展过程中，日语称谓词也在一定程度上反映出与其他民族不同的文化观念、价值观念以及社会结构等。

在日本社会与家庭中，称谓词的使用具有不同特征，其分析如下：

1. 日语称谓词在社会中的使用特征

第一，在职场中，使用者如果只了解被称呼者的职业时，应当以职业类称谓称之。这种情况下，使用者对被称呼者的了解程度一般不深，无法使用姓名类、身份地位类称谓词，并且日本人非常抵触使用人称代词，所以这时选择职业类称谓词是非常合适的。

第二，在上下关系的称谓选择过程中，日本人一般选择身份地位类称谓词，而且这种称谓词的使用是单向的，只存在于下级对上级的称呼中，上级对下级不使用该类称谓词，比如下级会称呼上级"社长"，但上级不会称呼下级"课长"。

第三，亲属关系称谓词也被日本社会民众用来称呼与自己没有血缘关系的社会个体，这种现象在中国也很常见，体现了本民族重视亲属关系的文化心理，是一种亲属关系称谓词社会化的表现，又被称为亲属关系称谓词泛化。当日本民众使用该称谓词时，使用者通常对被称呼者抱有亲善态度。

第四，由于日本是典型的纵式社会结构，等级尊卑观念深入人心，因此姓名类称谓词的使用是有限制的，上级可以称呼下级名字，但一般不会称其全名而只称其姓，下级不得随意对上级使用姓名称谓词，如若必须使用，应在上级的姓后接身份地位名称，比如山下社长、田中教授等。

第五，日本人一般不愿使用人称代词，可见他们对其抱有消极情绪，在重视等级序列的日本社会，这种称谓词不能被用来称呼上司、前辈、教师等上级个体。

2. 日语称谓词在家庭中的使用特征

与复杂广阔的社会相比，人们在家庭中拥有相对简洁的人际关系，个体扮演的角色不像社会角色那样复杂多变，对称谓的选择与使用也相对简单。从根本上来说，社会人际交往过程中的称谓选用原理是家庭关系中称谓选择的延伸。日本拥有典型的纵式社会结构特征，非常注重等级序列的区分，日本家庭作为其社会的缩影，也非常重视上下级的关系，辈分、年龄等都是划分上下层级的标准，个体在家庭关系中的地位不同，称谓的选择与使用也会随之发生变化。

在日本家庭中，上级不得以亲属类称谓词称呼下级，下级不得以人称代词称呼上级，只能以亲属类称谓词称呼上级，这是日本家庭称谓使用的一个重要原则。人称代词、姓名等不能表现人与人之间的属性关系，而在日本人传统的文化观念中，将这类词汇用来称呼上级是极不礼貌的。

另外，日本人还习惯使用亲属类称谓词的"虚词用法"，即改变常规的亲属类称谓词使用习惯，以家族中最小的家庭成员为称谓基准，从孩子的角度去称呼对方。孩子出生后，孩子的祖辈不会再像以前一样（用姓名类称谓词、人称代词）称呼孩子的父母了，而孩子的父母对孩子祖辈的称呼也会发生一定的变化。如果之后有更小的孩子出生，之前处于家族核心的幼儿就变成了如今家庭核心的上一层级成员，当再次应用亲属类称谓词的"虚词用法"时，原本最小的孩子就变成了现如今最小孩子的"姐姐""哥哥"，所有家庭成员会直接称其为"姐姐""哥哥"。依次类推，亲属类称谓词的"虚词用法"是根据实际情况使用的，应用这种方法确定的对各个家庭成员的称呼不是一成不变的。

二、日语中的寒暄语

（一）寒暄语的定义

寒暄语，是人们在应酬寒暄时使用的语言。每个人都不可能在社会中以完全孤立的状态存在，必然会与周围人建立一定的人际关系，而应酬、寒暄就是增进人际关系的一种有效方法。通过查阅资料，可以发现寒暄语有如下几种解释。光明日报出版社出版的《辞海》这样解释"寒暄"：见面问候起居、冷暖等的应酬话。《辞源》中说："寒暄"的本意是"指冬季和夏季"，相见时互道天气冷暖，作为应酬之词。上海辞书出版社出版的《古汉语大词典》也有着相似的解释，寒暄：问候起居冷暖等的客套话。陆游在《南唐书·孙忌传论》中写道："忌口吃，初与人接，不能道寒暄；坐定，辞辩锋起。"① 寒暄亦作"暄寒"，《南史·蔡撙传》中写道："及其引进，但暄寒而已，此外无复余言。"②

从上述资料中可以看出，对"寒暄"一词的不同解释其实相差不大，总结一下，寒暄就是人们为了营造一种轻松愉悦的社交氛围，也为了避免无话可说的尴尬情况，所采取的社交活动，在此过程中，人们往往选取一些无关紧要的话题作为交谈内容。

(二) 寒暄语的使用规则及交际模式

人们在寒暄时，主要围绕着天气、问候、告别等相关话题进行交谈。尽管寒暄语的内容比较简洁，但是根据其形式也能划分出不同的种类，主要包括询问式、回顾式、评论式等。寒暄语能够使人们在人际接触中调整自身与社会的关系，这也是其基本功能所在。

寒暄是开启一段交际对话的有效方式，在日本的纵式社会结构中，不同层级系统的寒暄语的形式及其使用规则也会存在一定差异，人们在使用寒暄语时，要遵循相互性原则，只要一方向另一方寒暄，那么另一方也应做出相应的反应。人们使用寒暄语，其真正目的不在于寒暄语的文字内容本身，而在于人们通过一种询问或者陈述的语气向对方表达"我想与你进行社会互动"的信号。并且，人们对寒暄语的应答是相对固定的，具有程式化、规约化的特点，这种答案是人们长期社会交往中形成的语言与交际习惯，对于提问者来说，他的心里也早已有了对自己所提出问题的答案，对方的回答往往在提问者的意料之中。

(三) 寒暄语的历史变化

每个人都不能孤立于社会之外而存在，人们在社会生活中使用的语言是随着社会实践的变换发展而变化发展的，而寒暄语属于人类语言，其发展也会受到各种社会因素的影响或制约，所以，寒暄语真实地反映了人们的社会生活。

---

① 马令，陆游. 南唐书 两种 [M]. 南京：南京出版社，2010：300.
② 李延寿. 南史 2 卷 23-51 [M]. 北京：大众文艺出版社，1999：497.

以"吃了吗"为例，上古时代，祖先穴居野外，常常受到猛兽和毒蛇的袭击，见面就问"无它乎"。随着穴居生活的结束，野兽和毒蛇的威胁不那么严重了，然而又不断受自然灾害和疾病的困扰，于是见面改问"无恙乎"。再后来，由于生产力水平相当低下，人口却越来越多，吃饭成了大问题。据史书记载，祖先每天只吃两顿饭。即使这样，穷人也是吃了上顿没下顿，即所谓的"饔飧不继"。汉代以后虽然有的地方改为一日三餐，但大多数地方仍是一日两餐，节衣缩食。所以老百姓见面爱问"吃了吗"，这有两个含义：一是关心对方有没有饭吃，二是问对方确实吃饭了没有。富人之间见面也用"吃了吗"打招呼，那仅仅是问候，没有第一个含义。"吃了吗"如今还挂在我国大多数地区老百姓嘴边，这说明寒暄语有一定的稳固性。"吃了吗"是中国文化里特有的一个寒暄语。

三、日语中的外来语

（一）外来词汇传入日本的社会文化因素

日本语言系统中包含着大量外来词汇，这些词汇是在长期历史发展过程中积累下来的，这种现象也反映了日本民族文化心理中强烈的好奇心，彰显了日本民族的强活力以及对外来文化强大的吸收能力。这种现象的出现与日本文化、社会、民族心理等因素都具有密切关系。

1. 文化因素

日本语言系统中的外来词汇较多，说明日本文化的发展态势是积极向前的，同时也从一个侧面反映出日本的文化处于正在发展中的状态。通常情况下，发展程度较高的文化会对发展程度较低的文化产生相对深远的影响，而日本自古以来恰好处于高文化区的边缘地带，日本民族由此形成了善于发现自身不足并积极向"高文化"学习的文化习惯，他们敢于承认自己的落后但从不甘于落后，在这种文化传统的引导下，日本民族积极引入外来词汇。

2. 社会因素

人类的语言系统会随着生产方式的改变而发生变化，新的劳动方式出现、阶级矛盾激化等社会变化都会促进日本语言的丰富性增强。纵观日本历史，日本社会发生重大变革时期恰好也是日本语言发生较大变化时期，在大化改新、奈良时期、明治维新时期等历史阶段，日本均出现外来词汇量猛增的情况；明治时代以来，英语等外语教育迅速发展，这也使日本的外来词汇日益增多，加上受大众传媒的发展以及科学技术进步等因素影响，日本让你的职业分工变得越来越专业化、多样化，由此带来的专业用语丰富了日本的语言系统，之后随着日本现代化进程的不断推进，日本的外来词汇量随之不断增多。

3. 心理因素

日本人对外来事物向来有着强烈的好奇心，对于日本来说，外来的事物象征着进步、近代化以及欧美化、新鲜感等，即使是本国原本已经拥有的事物，日本人出于追赶时髦的心理也会称呼它的外来名，足以见得日本人对"舶来品"的特殊情感。在这种心理的驱使下，日本人不断放弃本民族的原有词汇，改为使用同意义的外来词汇，这也造成了外来词汇泛滥的文化入侵现象。

当然，人们使用外来词汇的心理是复杂的，不能一概而论，有时，日本人因其具有禁忌含义不愿直接表达出某种事物，就会使用外来词汇委婉地表示自己想要表达的意思，并且由于外来词汇是国内共用的，所以，倾听者也能很快地理解陈述者表达的实际意义。委婉表达并不都是使用外来词汇，但外来词汇因为是外语，意思不透明，所以适用于委婉表达。

(二) 从外来语看日本吸收外来文化的特征

1. 外来语与外国文化的关系

在语言中存在一种特殊的词汇——外来词汇，人们在使用语言的过程中无法使用某一词汇对某一事物准确描绘而借用其他语言中的词汇对其进行描绘，而从其他语言中借来的词汇就是外来词汇，也可以将其称之为借词。外来语是人类使用语言过程中的一种语言现象，语言学家们对它进行了一系列的研究，形成了对它的基本认知，发现它应该是社会文化的组成部分。

语言与文化的关系极为"亲密"，前者是后者影响的结果，可对后者进行记录与传承。语言是处于动态发展中的，其发展变化的规律与社会发展规律相一致，当社会发生变化时，人类的语言也会发生相应的变化，可以说，正是人类不断变化的社会需要才使语言确定了自己的发展方向。外来语就是人类社会需要不断变化的结果。一种语言没有一个词汇可以描述某一事物时，人们可以从借用其他语言的词汇来描述它，而借用其他语言的过程其实也是向其他文化学习的过程。也就是说，在引入外来词汇的同时也会将词汇所承载的文化引入进来，可见，外来语可以被看作是一种吸收外来文化重要媒介。语言学家们对各类语言借用现象进行了详细的探究,从而完成了对不同时期的外来语的判定,其了解了外来语的语源,也了解了外来语的种类,甚至通过梳理外来语的发展情况,可以对各民族、各国家之间的交往史进行详细的梳理,从而探讨不同民族文化之间的差异与共性。

一直以来,日本都是一个极为强调对外开放的民族,它十分善于吸收一些外来文化中的优秀成分,当然也包括一些外来词汇。对日语中的外来语进行分析,可以发现,日语中的许多外来语多来自汉语与西方语言,而且涉及的外来语的范围很大,数量也比较惊人。日语的外来语是研究日语的重要语言资料,同时对这些语言资料进行梳理也能对日本文化发展的基本情况有所了解。

2. 西方语言词汇与文化的传入及影响

日本与西方文化接触大约开始于16世纪中叶。葡萄牙人是第一个到达日本的西方人,在1549年,来自葡萄牙的天主教徒们第一次来到了日本的鹿儿岛,他们在这个岛上建造了许多教堂,开始宣传教义,甚至经过他们的努力,其发展的教徒的数量一度达到了15万。就是在这一过程中,葡萄牙语也开始慢慢地进入日语之中,不仅葡萄牙人来到了日本,其他西方国家也发现了这个地方纷纷与日本建立贸易往来,这就让日语吸收了来自不同语言的外来词汇。

西方人的到来确实给日本带来了一些好处,最大的好处当然是经济利益,通过与这些国家的贸易往来,日本的经济获得了一定的发展。不过,当统治者发现这些西方国家的真正目的是将日本变成殖民地之后便果断与其断绝了往来。日本保留了荷兰这个唯一的贸易伙伴,荷兰也成为日本接触与了解西方文化的重要媒介。日本于1720年开始允许西方的书籍可以被引入日本,因此,荷兰语也成为日本研究西方的重要对象,甚至在日本社会上一度出现了"兰学热"。

日语对荷兰语的吸收涉及不同的方面,吸收的词汇主要来自科学领域与基本的生活用品领域,如果对日语中吸收的荷兰语词汇进行分析,就会发现,荷兰的确在那一时期对日本的发展、日语词汇体系的不断完善发挥了重要作用,甚至还一度推动了日本近代科学的发展。

不过,日本的平稳发展很快再一次被西方国家打破了,19世纪60年代,美国利用自己强大的武力开始逼迫日本逐步地打开国门。之后,其他西方国家也开始效仿美国,纷纷与日本缔结同上条约。1868年,日本明治维新运动爆发,幕府统治被推翻了,天皇成为日本的统治者。明治维新让日本走上了现代化的道路，日本人意识到他们要想发展就必须要与西方国家交往，要学习他们先进的思想与技术。日本政府的行动力很强，直接在1871年派出了"岩仓使节团"，该使团历时两年周游了欧美12个国家，他们每到一个地方都会虚心学习这个国家的知识与技术，之后更是从世界各国聘请了许多优秀的教师到日本传授西方近代思想学说、科技成果等，这样，西方的思想与文化就这样被日本人引入了日本国内。在西方思想与文化在日本传播的过程中，西方各国的语言也开始被日语所吸收，许多西方国家的语言中所包含的词汇开始出现在日语中。

对日语中的外来语词汇的种类与数量进行分析，可以发现，日本近代以来吸收的最多的语言就是英语，这同时也在表明日本在这一时期主要是向西方学习先进的思想与技术。

3. 汉语词汇与中国文化的传入

要说到日语吸收外来词汇的历史，就要追溯到日本与中国的接触。不过，日本一开始并不是直接吸收汉语、学习中国文化，而是依靠朝鲜半岛间接吸收。通过对日本最早的两本史书《古事记》和《日本书纪》分析，可以发现，百济学者阿直岐和王仁曾经带着汉文《论语》10卷和《千字文》1卷游历日本，甚至因为王仁对一些汉文经典有着独到的见解与领悟，应神天皇还让他当太子菟道稚郎子的老师。许多史学家已经阐明，中国大陆文化被传入日本之后，日本人就开启了学习中国文化的道路。

上古时期，大和民族是一个只有语言没有文字的民族，在学习中国大陆文化的过程中他们也学习了中国的语言与文字。中国语言、文字与文化就是在这样的一个背景下开始为日本人所吸收、借鉴。到了中国的南北朝时期，日语中借鉴的汉语词汇数量十分丰富，词汇主要包括两部分，一部分为"五经"等儒学词汇，另一部分为一些日常用语。不过，需要指出的是，日语借鉴的汉语词汇的语音都是来自长江中下游的发音，因此，日语将这些词汇的发音称之为"吴音"。

在钦明天皇13年，百济圣明王给日本天皇献上了日本天皇佛像和汉文经论。这时佛教开始在日本传播。从这时开始，佛教方面的梵语词汇通过汉语进入日语，例如早期的有：佛、僧、菩萨、袈裟、南无、阿弥陀、刹那、罗汉、阎魔、夜叉等，这些词汇在日语中的读音也都是"吴音"。随着佛教传入的梵语词汇还有：旦那、鼓、琵琶、瓦、机、旗、钵、皿、漆等。后来还出现了借用梵语的人名：后醍醐天皇、物部裟婆卖、栗田沙弥，地名：俱利迦罗岭、萨唾峰、摩耶山、祇园、那智泷、琵琶湖等，可见佛教及佛教文化对日本的深远影响。日本第一次派遣使臣是在公元600年，日本派遣使臣处方隋朝，这开启了日本与中国建立交往的大门。之后，日本又在二百年间派出了许多遣唐使，这些遣唐使到中国学习先进的文化与技术，并将这些文化与技术传播到日本，进而中日文化交流也被推向了高潮。同时，日本也派遣了不少留学生、僧侣到中国学习语言与文化，这更加加速了中国语言与文化在日本社会上的传播。中日之间的交流也是有来有往的，比如，中国高僧鉴真就亲自前往日本宣传佛教教义。伴随着对中国文化了解的加深，日本人也对汉语中的许多词汇进行了吸收与借鉴。唐朝是中日文化交流的高潮阶段，也就是在这一时期，日语中的汉语数量明显增多，同时影响的范围也逐渐扩大。增加最多的词汇主要有两类，一类是儒教词汇，另一类则是艺术词汇。对当前日语中存在的大量的从唐朝引入的汉语词汇进行分析可以发现，中国与日本在唐朝时期确实完成了非常深入的文化交流，也正是因为如此，日本的文化发展水平才有了一个显著的提升。

不过，到了公元894年，日本就停止了向中国派遣遣唐使，且日本文化也进入了一个新的发展阶段——在中国文化基础上的改造阶段。不过，中日民间交往并没有因此受到太大的影响，民间交往依然频繁。中国文化有着独特的魅力，日本人也深知这一点，因而不断地从中国语言、文化中吸收他们想要的东西，这种吸收、借鉴的情况一直持续到了明治维新。日语对汉语词汇的吸收数量与范围也能在一定程度上反映中国国力的变化情况，在唐朝，日语从汉语中吸收了最多的汉语词汇，且汉语词汇涉及许多方面。但到了元、明、清时期，日语从汉语中吸收的词汇数量就减少了，同时对日语的影响也仅仅被局限在日常生活等基础层次上。从这里可以知道，唐朝时期，中国国力强盛，之后，中国国力开始衰竭。

第三节　现代日语的语体与话语类型

一、现代日语的语体

根据话语领域的内容范围，日语语体可以大致分为实用语体、文学语体两大类。其中,实用语体包含事务语体、科学语体、新闻语体、广告语体等;文学语体包含小说、诗歌、散文、戏剧四大体裁。下面就对这两大类做具体分析和探讨。

(一) 文学语体

文学语体多形象生动,词汇广泛,句式多样,表达形式新鲜活泼,修辞使用较为频繁,以满足读者的审美需求。不过,同为文学语体,小说、诗歌等不同的体裁又有着各自不同的特征,即使在同一部作品中,如长篇小说,由于表述对象不同,也会出现语体风格上的变化。

(二) 实用语体

实用语体包含事务语体、科学语体、新闻语体和广告语体等。下面进行分析。

1. 事务语体

事务语体包括与政府机关、社会团体、企业等单位相关的文件、公告、计划、证明等实用性语篇。其功能是在社会中传递信息,为社会生活和经济活动服务,通常具有文字简明、准确,表达完整、庄重,格式固定,有惯用语,语言正式程度高,采用条款式表达等特点。事务语体一般具有以下几个特点。

(1) 根据场合的不同形成了一些习惯用语或固定格式。

(2) 语言具有很高的正式程度,切忌使用生活化的口语词。

(3) 行文往往包含一些习惯使用的古语成分。

(4) 往往会使用条款式表达。

2. 科学语体

科学语体涉及的通常是客观知识、规律,要求有准确系统的论证、规范的格式和逻辑性的思维,杜绝一切主观臆断,因此,科学语体往往不像文学语体那样辞藻华丽、新奇有趣,而是用最简明的语言、陈述的语气和严谨的逻辑将知识传递出来。根据读者对象的不同,科学语体可以分为专业科学语体与通俗科学语体。专业科学语体是典型的科学语体,其中包含学术论文、专著、科研报告等。一般来说,作者与读者之间往往具有共同的专业知识背景,因而可以使用大量固定的、含义明确的专业术语。科学语体往往语法严密性强,句式也比较完整,采用较多的复合长句,尤其是被动句或长定语句。整个语篇多采用现在时态，也会较多使用图表等视觉表达手段。

通俗科学语体主要用于产品使用说明、科普读物等，目的是向不具备专业知识的读者传授各种科学现象，对科学知识进行普及。因此，这些通俗科学语体的文章往往会避开过度深奥的科学术语，尤其是避免使用复杂的长句。

3. 新闻语体

新闻语体通常指电视、广播、报纸等大众传媒使用的语体，其特点包括以下几个方面。

（1）多用缩略词和简明的表达，以尽可能快地传递信息。

（2）由于涵盖范围广，新闻语体中多见行业术语。

（3）为了吸引读者的注意力，新闻语体中常用新词、流行词，并将重要信息放在前面，附加信息放在后面。

（4）为了便于阅读，新闻标题常用名词、助词。

根据表达方式的不同，新闻语体可以进一步细分为三类：叙述文，如新闻通讯；描写文，如纪实报道；议论文，如社评。

4. 广告语体

大多数广告是以盈利为目的的商业广告，其目标是引人注目，促使受众行动。受时间、费用限制，广告往往短小简洁，多为一句话，甚至是一个词。为了激发受众的购买欲望，广告中多用褒义词、新造词和大量的修辞手段。另外，为了突出新意，吸引消费者注意，广告还经常打破常规的表达形式，利用汉字、假名制造新奇的效果，这些都是广告语体有别于其他语体的鲜明特征。

二、现代日语的话语类型

所谓话语类型（或称话语形式）通常指两种情况，一是把世界上的各种语言根据其语法功能的表现形态，加以分类所得出的语言类型。例如，把通过语序表示语法功能的语言称为"孤立语"，其特点是没有词形变化，因此也称"无形态语"，又称"词根语"。汉语、泰语等即属于孤立语。而把那些通过在实词后面附加（或称"黏着"）各种语言要素的方法表示不同语法功能的语言，称为"黏着语"，这类语言的共同特点是具有不可与实词相分离的"黏着成分"。日语、朝鲜语、蒙古语、土耳其语、匈牙利语、芬兰语等属于黏着语。"屈折语"是通过词形本身的变化添加词缀等方式表示语法功能，希腊语、拉丁语、德语、法语、俄语以及梵语、埃及语、阿拉伯语、希伯来语等都属此类。而"编插语"包括阿伊努语、印第安语、爱斯基摩语等，其特点是句子结构体现为词的曲折变化，一个词本身就是一个复杂的句子。上述这些语言类型，都是基于语法功能的分类，因此是语法功能意义上的类型。假如换一个角度，如从文化的角度分类，情况则会不同。

语言并非静止的，它是处于不断的变化中的，文化、社会、经济等诸多因素都会对语言产生影响，一个比较显著的影响就是促进话语形式的改变。可以说，受到不同因素的影响，在人类发展的特定时期内可能会出现不同的话语形式，这些话语形式通常只会在特定领域或范围中使用。对于语言发展过程中出现的这一情况，人们应该重视，它能让人们对语言（日语）有更加全面的了解，了解语言是有层次的，否则，人们将无法全面地把握语言。有些日本学者有疑虑，认为外来语已经在日语中出现了泛滥的情况，甚至认为日语已经失去了其原本的样子，其实，如果仔细对日语中的外来语进行分析就会发现，所谓的存在于日语中的外来语也并非完全渗透在日语的所有领域，只是在某些领域中的数量多一些。例如，如果对日本国会辩论的语言使用情况进行分析，就会发现，国会议员们并不会大量地使用"外来语"，他们更多地会使用汉语词。其实，外来语数量的增加并没有对日语造成很大的改变，人们在日常生活中的表达、思想的沟通并没有因为大量出现的外来语发生实质性的改变。不过，日语也的确因为外来语的加入而发生了一些变化，因而对这些变化进行研究就是对话语转型规律的总结，而这是文化语言学学科应该去解决的问题。

现代日语主要包括四种话语类型，它们之间是存在一些差异的，这种差异主要体现在用词与表达方式上。

第一种类型是普通老百姓的话语，这些话语一直都存在于民间，是普通老百姓在日常生活中总结而来的智慧，不仅包括一些谚语与俗语，而且还包括一些惯用语等。这些话语虽然并不能算得上高雅，但是它却简洁易懂，因而听者在听到这些话语时总是会会心一笑。尽管这些话语来自日本普通民众的生活，但却成为日语发展的基础，同时，它所包含的一些价值取向也会对日本文化的基本走向产生影响。

第二种类型是受到古典文学影响的话语，这类话语往往包含许多汉语词汇与汉语表达方式，当听者听到这类话语时就会想到说话者有着极高的文学修养。这类话语的形成与中国文化有关，本来日本文化的形成就是以中国文化为根基的，而语言是文化重要的载体，这也就意味着对语言的形成与发展情况进行梳理就会发现文化的发展脉络。在 19 世纪之前，以朝贡体系为主体的国家之间其实已经形成了一种独特的局部世界秩序，这种秩序让它们能够和平相处，但自从西方的殖民统治扩张到亚洲之后，朝贡制度就在西方人的解释中变了样。但如果对这一制度进行具体分析，就会发现，所谓的朝贡的一方并不是由被朝贡的一方强迫出来的，相反，朝贡中的许多国家是主动朝贡的，这是因为它们想要从被朝贡的国家那里学习知识、技术与文化。这种朝贡与被朝贡关系的建立其实主要就是靠文化在维系，中国作为被朝贡国家有着强大的文化，因而能影响周边国家。日本著名的历史学家曾经坦言并不是当日本国家出现之后日本文化也形成了，日本文化是中国文化的进一步延伸，与中国古代文化存在很多共性。日本文化是长期受到中国文化影响的，无论是日本的政治，还是日本的社会，都不可避免地受到了中国文化的影响，且这种影响是循序渐进的，也是广泛的。这位历史学家不仅阐述了一个正确的历史事实，而且还由衷地表达了对中国文化的赞赏与敬意。这种话语一般包括了不少成语、典故，因而普通人听到时往往不能轻易地理解。

第三种类型是新"俗语"，这类话语是在经济高速发展的背景下形成的，它是一种能彰显大众文化需求，能翻译时代脉搏的话语，它并不长，但总能让听者感觉到一丝愉悦。这类话语受到了许多年轻人的喜欢，主要是因为其传播媒介主要为漫画、电视等，而这些都是年轻人喜欢的。

第四种类型是"有学问的人"的话语，这是一种与新"俗语"完全不一样的话语，说出这类话语的人往往有着十分浓重的"学究气"，他们一开口别人可能根本就听不懂。

四种不同的话语是在文化发展过程中不断涌现出来的。古代日本与世界的接触不多，长期的封闭状态让日本人形成了第一类话语，种类话语不仅是朴实的，而且还蕴含着大量的生活智慧。中国文化在隋唐时期被大量地引入日本，日本开始积极地学习其他国家的优秀文化，甚至随着中国书籍在日本社会上传播，汉文开始渗透进日本人的生活中。汉文是中国文化的一部分，它不仅促进了日语的发展，而且还在一定程度上促进了日本文化的发展。日本人在创造文字时吸收、借鉴了汉字，这一操作直接让日本拥有了自己的汉字文化，而且，更为重要的是，当汉文开始被日语所吸收时，日本也开始更加广泛地吸收其他的外来文化。不过，笔者需要指出的是，日本人在吸收外来文化时比较注重文化的形式，对文化的内容并不重视。在第二次世界大战之后，日本经济开始慢慢复苏，甚至崛起，这让大众文化开始繁荣发展了起来，这是一种以大量消费为基础的文化。这种文化的发展也影响了语言，日语中开始出现了新"俗语"。新"雅语"是一种与大众文化相对的文化，它是社会精英阶层使用的一种话语。

第六章　日语教学的目标、原则与过程

在当前不断深入开放的国际背景之下，日语教学表现出更为旺盛的生命力。为了满足学生不断增长的日语学习需求，日语教学必须实现进一步发展。本章即对日语教学的目标、原则与过程展开分析。

第一节　日语教学的目标分析

一、日语教学的知识能力培养目标

（一）语音能力

促进学生日语语音能力的掌握，从而使其对日语语音有更加清楚的了解，这就是日语语音能力培养。这一能力培养一般来说包括以下几个方面的内容：第一，让学生可以具有日语语音的辨音能力；第二，让学生可以掌握准确的日语发音；第三，让学生可以具有基于听觉与动觉系统的控音能力；第四，让学生具有感知与再现日语语调的能力；等等。

（二）词汇能力

日语词汇能力也是学习日语的学生需要具备的一种能力，日语词汇能力培养一般来说主要包括以下几个方面的内容：第一，让学生对词汇形成基本的感性认识与形象记忆；第二，让学生具有对一些相似词汇予以判断、分辨的能力；第三，让学生具有能对各种日语词组、短语进行重新组合的能力；第四，让学生能具有快速认识与理解词汇含义的能力；等等。

(三) 语法规则能力

学习日语还需要精通日语语法原则,因此,需要培养学生的语法规则能力,这一能力培养主要包括以下几个方面的内容:第一,让学生具有对各种词类与句子成分予以分辨的能力;第二,让学生具有能根据语法规则改变单词形态进而利用词汇组成句子的能力;第三,让学生具有认识与再现不同的句法结构的能力;等等。

二、日语教学的技术能力培养目标

(一) 听解能力

掌握日语知识可以有不同的手段,听是其中不容忽视的一个手段。听的过程是听觉器官不断运转的过程,这一过程同时还是一个智力活动过程,在听的过程中,学生会开展不同的思维活动,不仅会开展感知与记忆思维活动,而且还会开展分析、归纳等思维活动。可以说,听力训练其实也可以被看作是一种智力训练。如果对学生在听的过程中所产生的心理进行分析,就会发现,听解能力的培养主要包括以下几方面的内容:第一,让学生具有对各种信息进行快速捕捉与分析的能力;第二,让学生具有对各种不同的语音可以辨别的能力;第三,让学生具有综合与概括能力;等等。笔者认为,必须要对学生在听力过程中的心理运动机制有清楚的了解,只有这样,才能准确地找到培养学生听解能力的方法与路径。

(二) 会话能力

会话能力是人们在交际过程中展现的用日语表达的能力,是说话者的一种积极的言语活动。拥有会话能力的人在交际中并不是简单地对过去自己所学的知识进行简单的重复,而是会将知识根据具体的情境进行重新组织,从而使组织过后的语言材料可以将其思想表达出来。笔者认为,学生在学习日语过程中具备会话能力的可以从以下几个方面体现出来。

(1) 学生可以灵活地利用已经学过的语言材料将自己的思想与想法表达出来。

(2) 学生的注意力能发生改变,学生不应该将自己的注意力放在语言表达形式上,而是应该放在会话内容上。

(3) 学生需要在学习过程中具有思考能力,同时具有能将自己的所学应用在交际中的能力。

（4）学生需要在具体的会话过程中具有日语思维能力，具有即使没有主题也能进行交际的能力。

（三）阅读能力

获取日语知识也可以借助阅读的手段实现，不过，需要指出的是，阅读是一种可以实现间接言语交际的手段。现在，人们的生活已经为信息技术所围绕，各种信息产品已经充斥在人们的生活中，人们利用网络可以做许多事情，阅读就是其中之一。人们可以在互联网上浏览、下载到许多自己感兴趣的阅读材料，对于日语专业的学生来说，其也可以从互联网上下载日语阅读材料，实现对课堂知识的进一步延展。相比其他言语能力的培养，学生阅读能力的培养十分重要，因而必须要重视学生阅读能力的培养工作。笔者认为，阅读能力培养主要包括以下几个方面的内容：第一，让学生具有辨认词汇、词组与句子结构的能力；第二，让学生具有能对段落中心思想与作者的想法予以准确把握的能力；第三，让学生具有弄清句子与段落之间关系的能力；等等。

（四）写作能力

写作是一种特殊的言语交际形式，是语言知识输出的产物。现如今，网络技术飞速发展，世界各地的人们都能借助网络实现良好的沟通与交流，同时，日语写作的范围也得到了扩展，开始从书信、公文、科学论文等领域扩展到网络信息交际领域，很明显，与其他的写作形式相比，现阶段借助网络的日语写作更加具有应用性特征，当然，对人们的写作能力也有着较高的要求。鉴于此，应该加强培养学生的写作能力，笔者认为，学生日语写作能力的培养主要包括以下几个方面的内容：第一，让学生具有书面造句能力；第二，让学生具有较强的资料搜集能力；第三，让学生具有构思与布局的能力；等等。培养学生的写作能力的目标是明确的，就是要对学生日语写作的特点进行分析，从而不断提高学生的日语写作能力。

（五）翻译能力

翻译是一种语言符号的转变活动，掌握了翻译能力，就能更加灵活地实现两种语言之间的转换，也能保证交际的效果。不过，笔者需要指出的是，从语言形式上来看，语言通常只是包括两个部分，一个是有声语言，另一个则是符号语言，这就决定了我们在探讨学生日语翻译能力培养问题时应该从口译与笔译两个方面展开。

三、日语教学的分阶段目标

（一）初级阶段（大学一、二年级）

1. 知识教学目标

（1）要保证每一学年的学时不能低于500，同时要求学生在两年之内可以掌握语音、词汇与语法等基础知识，学生还应该具有基本的听说读写译等基本日语技能；能对教材知识有清楚的把握，并可以将自己所学的教材知识运用在交际上，不仅可以应用在口头交际上，而且还可以应用在笔头交际上。

（2）学生要对日语语音知识有全面的掌握，保证在进行朗读或者交际时，日语发音、语调都是基本准确的，并没有展现出一些特别明显的错误。

（3）学生能对日语基础语法知识有准确的把握，尤其是能对一些重难点知识点可以有准确的理解，更为重要的是，可以将学到的语法知识运用在交际中。

（4）学生应保证可以掌握8000个日语单词，能掌握205个以上的基本句型，能掌握200个以上的词组。

2. 技能教学目标

（1）从听力教学的目标上来看，需要让学生能听懂教材上的各种文章的录音，能掌握文章中的知识，进而可以听懂日本人的简单对话。

（2）从口语教学的目标上来看，要让学生能在日常生活中用日语与他人展开对话，同时能运用自己的所学展开较长时间的发言，这里的时间标准是3分钟以上，且在发言的过程中基本不会出现大的语法错误。

（3）从阅读教学的目标上来看，要让学生掌握足够的词汇量，其在阅读的过程中要认识大多数的词汇，生词量不能超过文章的3%。要让学生即使不依靠词典也能比较快速地浏览文章，同时可以形成对文章内容的准确理解，能在阅读完毕之后复述文章。此外，还能利用词典对一些比较专业的日文报刊进行阅读。

（4）从写作教学的目标上来看，能让学生对听懂、读懂的文章进行复述与改写，能让学生在限定时间内写出一定字数的文章，这里的限定时间通常为两小时，限定字数为600字以上，且还要保证文章逻辑的准确性，保证词汇与语法的基本正确。

(二) 高级阶段（大学三、四年级）

1. 知识教学目标

到了高年级阶段，日语知识教学目标发生了明显的改变，已经让学生掌握基本的语言知识转变到让学生掌握一些专业知识，同时还要为学生选择一些重点内容使其更加顺畅地开展学习活动。这时学校没有必要完全按照教学大纲设置课程，教学大纲只是一个基本标准，学校可以根据自身实际情况设置合理的课程，以保证学生可以掌握更多的日语知识。

2. 技能教学目标

高年级阶段的教学大纲对学生语言技能的培养已经在以下几个方面做出了明确的规定。

（1）从听力教学层面上来看，第一，对于日本人运用日语普通话以正常语速说的话能了解，也能给予及时的回应。第二，对于一些日语方言也能听出其中的中心内容，能掌握话语的中心意思。

（2）从口语教学层面上来看，第一，可以利用日语将自己的思想与情感表达出来，同时也可以与日本人进行自由的交谈。第二，不需要太长时间的提前准备就能用日语进行讲话，也能将自己的观点清晰地阐述出来。第三，能使用正确的语音、语调进行交际，同时也能用日语进行顺畅的表达，别人在听时也不会听出特别明显的词汇与语法错误。第四，语言的应用更加熟练，能根据实际的场合选择合适的语言表达方式，尤其是某些词汇的选择上一定要谨慎。

（3）从阅读教学层面上来看，第一，除了一些专业性比较强的科技类文章之外，能对其他类型的文章进行充分的阅读，能了解文章中的一些外来语与流行语，基本不会因为文章中的少许生词影响理解。第二，能对一般性的日语文章做到准确了解，甚至能了解文章的内涵，能解读文章的意境。第三，能在掌握文章基本意思的前提下概括文章内容。第四，能对文章的层次进行单独梳理，能对文章中使用的写作技巧有准确地把握。第五，文章中也会存在一类古文、诗歌等内容，对于这部分内容，可借助工具书完成对文章的整体理解。

（4）从写作教学层面上来看，第一，在用日语写作时可以保证正确的格式、语法。第二，能对各种文体的写作做到准确地把握，甚至能写具有一定深度与广度的说明文、议论文等。第三，在确立了写作思想的基础上，可以保证写作速度维持在每小时 600~700 字，且写作过程中使用的词汇正确，没有明显的语法错误，简敬体的使用也准确。

（5）从翻译教学层面上来看，第一，在进行口译时，可以在没有提前准备的基础上完成生活翻译的任务；而经过必要的准备可以完成翻译政治、经济与文化等知识的翻译；能将原文的意思完整表述出来，且表达要保证流畅性，同时还能对不同的预感进行准确的区分。第二，在进行笔译时，能对用现代日语撰写的文章进行必要的翻译；能利用日语工具书与注释完成一些较难度的翻译，比如日文古文的翻译。

第二节　日语教学应遵循的原则

一、循序渐进原则

日语教学目标并不是一蹴而就的，是需要人们遵循循序渐进的原则的。认识循序渐进的原则，笔者认为可以从以下三个方面入手。

（1）在具体学习日语时应该确定学习的顺序，应该先学习口语，然后再学习书面语。之所以确立这样的学习顺序，主要有以下三个方面的原因：第一，日语包括口语与书面语，且从两种形式的形成来看，口语是比书面语要先形成的；第二，从学习的难易程度上来看，口语知识的学习相对比较容易，其词汇多为一些常用词汇，学生容易掌握，句子的结构也比较简单。书面语的学习相对比较困难，如果先学习书面语可能会让学生形成一个对日语学习的错误认知，会觉得日语学习并非一件易事，从而可能失去学习日语的决心；第三，先学习口语知识能让学生尽早地掌握一些在日常生活中可以用到的技能，这些技能能帮助学生与其他同学和谐相处，使其能开展小组学习，而他们的共同学习又能促进其学习效率的提高。

（2）对听说读写等基本技能的培养也应该确立一个顺序，笔者认为应该将听说能力的培养放在第一位，当学生的听说能力获得培养时再培养其读写技能。笔者需要指出的是，听说读写技能是学生在学习日语过程中必须要掌握的基本技能，不过，中国学生从小接触的环境都是汉语语言环境，因而他们很少有机会去掌握纯正的日语语音与语调。更重要的是，在听说能力培养过程中，学生还能学习到一些基本的日语知识，比如掌握更多的日语词汇，了解更加完善的日语语法知识，掌握更多的日语句子结构，等等。而掌握了这些知识就能让学生的读写能力获得应有的培养。笔者认为，在日语教学过程中，尤其是在学生日语学习的初级阶段，教师应该将教学的重点放在听说教学上，应该有意识地结合教材为学生创设优良的日语环境，从而使学生可以获得锻炼自己日语口语的相对真实的环境。同时，教师还应该与学生加强交流，在频繁的交流中了解学生学习日语的困难，从而帮助他们解决问题，使其掌握更多的日语知识。保证学生要掌握扎实的听说知识，只有这样，日语教学才能最终慢慢地向读写教学过渡。

（3）学生日语能力的培养与提高并非一日之功，需要教师与学生长期的努力，可以说，学生日语能力的培养与提高过程其实就是一个螺旋式的过程。在引导学生不断学习新知识的同时，教师还应该引导学生即时地往后看，要使其能巩固旧知识，找到新旧知识的联系。教师不能急于求成，要一步步来，否则，无论是日语教学的效果，还是日语学习的效果，都无法获得很好的保证。

二、以学生为主体原则

从古至今，教学的重点应该是以教师为中心还是应该以学生为中心，这一问题一直都在人们的探讨视野中。对教育过程的本质、教师的作用进行分析，可以发现，教师在教育教学中所发挥的是一种主导作用，这可以从以下三个方面体现出来：第一，教师不仅要在教学中贯彻教育方针与政策，而且还要了解学生的特性，为学生制定学习计划，引导着学生学习的方向；第二，教育是一种有着明显目的性与计划性的育人活动，要达成的目标就是人的综合发展，而这一目标的达成必须依靠教师，因为教师才是最了解教材，最熟悉教学大纲与教学计划的人；第三，教师已经掌握了许多扎实的理论知识，同时在长期的教学活动中也总结了不少教训经验，对教育的规律有着十分清楚地掌握。因此，经过教师的指导，教学质量将能有所提高，学生的学习质量也能有所保证。

不过，笔者需要指出的是，教学从来都不是教师一人独大的活动，它是一种不折不扣的双边活动，教师与学生都是活动的重要参与者。教师主导作用的发挥主要就是体现在他能最大限度上激发学生的学习积极性与主动性。可以说，如果对教师与学生两个教学主体的关系进行深入分析，就会发现，相比学生，教师则在教学活动中居于主导地位，发挥主导作用。

学生应是其学习活动的主体，应该由他们来决定自己的学习方向。学生是学习的主体，而学习的客体不仅包括教师，还包括教师可以对学生施加的所有影响。教师在教学中必须要认识到学生的主体地位，能够自觉地围绕学生开展教学活动，同时还要有意识地激发学生的学习积极性。学生具有双重属性，不仅居于客体地位，而且居于主体地位，客体地位是教师发挥主导作用的基础，而主体地位则是保证教学效果的关键。因此，对于教师来说，在教学活动中，其必须要充分地调动学生的学习积极性，要鼓励学生主动地学习，同时引导其修改、完善自己的学习计划，进而使其学习效率、质量都能有所提高。

教师的教学对象是学生，但这里的教学对象并不针对某一位学生，而是针对全体学生。现代教育理念表明，不应该是学生去适应教育，而应该是教育去适应学生。基于此，教师必须要尽可能地对学生做到全面的了解，了解学生的学习成绩是基本，同时还应该了解学生的家庭背景、生活经历、教育背景等。只有了解了这些内容，教师才能在教学中灵活地选择教学内容与方法。

教师要清楚的是，每一位学生都有自己的个性，在不少方面都存在明显的差异。这也是为什么要在不同的教学阶段以不同的教学大纲为标准的原因。教师应该允许学生的差异存在，并且要尊重每一位学生的差异，并根据不同学生的特点制定不同的学习计划，使其始终能保持较高的学习积极性，取得不错的学习效果。

三、正确利用母语原则

对于中国学生来说，其长期接触的都是汉语环境，在学习日语的过程中很容易为汉语思维所影响。在教学中，教师应该将母语对日语学习的劣势转化为优势，应该帮助学生建立一种新的符号表达方式，从而使学生在利用母语思维框架的基础上完成对日语的学习。因此，教师在教授日语的过程中，应该清楚地将母语的相关知识介绍给学生，以使学生可以在对比日语与汉语的基础上加强对日语知识的掌握。

四、培养与激发学习动机原则

只是依靠学生自己去掌握日语知识与技能显然是不现实的，在学生学习日语的过程中，教师能发挥巨大的作用。不过，笔者应该指出的是，学生在教学活动中居于主体地位，教师应该最大限度地激发学生的学习动机，使其能自觉地认识到日语学习的重要性，进而更加自觉地参与日语教学活动。

学生学习活动的顺利、高效开展主要依靠的就是学生的学习动机，这是其获得高质量学习效果的内在原因。一般来说，学生的学习动机包括许多方面的内容，不仅包括学习需要、学习信念，而且还包括学习习惯、学习爱好等。此外，教师在激发学生的学习动机的同时，还应该确立学生的学习目标，学习目标一旦确立，学生就能沿着这一目标努力，可以说，学习目标其实就是学生学习的诱因。

笔者认为,要培养学生的学习动机,教师可以从以下几个方面入手。

(1) 要丰富激发学生动机的手段,可以使用设置奖惩机制的手段,也可以使用引导学生关注热点问题的手段。

(2) 为学生组织多样的实践活动,使其可以在参与实践活动的过程中了解学习日语的乐趣,同时也不断激发自己的好奇心。

(3) 有些学生缺乏学习的动力,因此,教师在教学过程中可以从学生的爱好出发引导其不断激发自身的学习兴趣,比如有些学生比较爱看日本动漫、喜欢听日本歌曲,教师在教学中就可以多从日本动漫、日本歌曲中提取一些日语知识,从而使学生在学习中能始终集中注意力。这是一种满足学生学习需要的表现。

笔者认为,要真正激发学生的学习动机,教师可以从以下几个方面入手。

(1) 教师可采用更加多样的教学方法,比如启发式教学、讨论式教学等,这些教学方法能满足不同学生的学习需求,同时也能保证教学的效果。

(2) 教师要根据具体的教学内容为学生创设合适的教学情境,利用教学情境启发学生的学习思维。教师应该对日语教材进行全面的分析,并总结教材中的知识,同时在向学生传授新知识的同时,也要引导学生巩固旧知识。教师创设情境的方法是多种多样的,可以采用设问的方式,也可以采用作业的方式;同时,教师还要善于从旧教材与新教材中找到联系,将日语知识的学习与学生的实际生活联系起来。

五、重视跨文化交际能力培养原则

日语教学的基础目标之一就是让学生掌握日语基础理论知识,同时其最主要的目标就是培养学生的交际能力,一般来说,这一能力主要由两部分组成,一部分为语言能力,另一部分为社交能力。交际包括言语交际与非言语交际两种,一般人之间的交际都是言语交际,而语言是文化的载体,因此可以说,交际的过程其实就是文化交流的过程。基于此,在日语教学中,教师不应该将注意力主要集中于日语语言知识上,而是应该集中于学生跨文化交际能力的培养上。在日语课堂教学中,教师应该向学生既介绍言语交际知识,也要介绍非言语交际知识,从而使学生在掌握这两类交际知识的基础上对日本文化有更加全面的掌握。

教师在日语教学中贯彻跨文化交际能力培养原则,笔者认为,教师应该做到以下几点。

(1) 要清楚地明确学生跨文化交际能力培养的任务,也就是说,要让人们对自己在交际中的各种行为所产生的文化影响有清楚的了解；要让学生具有社会理解力，学生社会理解力的培养受到年龄、性别等不同因素的影响，在日语教学中，教师要将这些要素的不同影响呈现在学生面前，从而使学生对自己需要具备的社会理解力有准确的认识；要让学生对日常交际中需要了解的日本文化知识有全面的把握，也能具备常规行为实施意识；要让学生对各种常用的日语词汇、短语的文化内涵有深刻的认知；要让学生在中日文化对比中对日本文化有更加准确的认识；要让学生能在与他人的交际中获取日本文化信息。

（2）教师要在教学中使用更多的培养学生跨文化能力的方法，可以使用对比法、交际法，也可以使用演示法与讨论法等。

（3）教师在教学中还应该注意导入行为文化，要在向学生讲授基础语言知识的同时还应该加紧对学生的文化知识输入，不仅使学生的语言能力有所提高，而且还能使其文化交际能力有所提高。

第三节　日语教学过程及其最优化

一、教学过程的本质与规律

（一）教学过程的本质

1. 教学过程是一种特殊的认识过程

教师引导学生对人类过去所总结的各种文化知识予以学习与掌握的过程就是教学过程。在教学过程中，教师的任务主要有两个，一个是引导学生循序渐进的学习，另一个则是引导学生将所学应用在认识活动中。学生是认识的主体，教材及其所包含的知识是认识的客体，学生可以从教材上获取大量的知识。学生要想获得必要的发展就需要掌握不同的知识，同时还能将掌握的知识运用在各种认知活动中，并验证知识的准确性。

教学过程是特殊的，它与人类一般的认识过程有着不同的特点，主要表现为以下三点：第一，具有间接性特征。将人类过往形成的各类知识、经验看作一个让后代认识世界的中介；第二，具有引导型特征。教学过程必然要有着专业知识与丰富经验的教师的参与，在教师的引导下，学生才能从教学活动中收获更多的知识；第三，具有简捷性特征。教学就是学生不断认识世界的一条捷径，同时也是教师将原有的科学文化知识进行再生产传递给学生的过程。

笔者必须要特别指出的是，教师必须要把握好认识论的一般规律，同时应该对学生的认识特点予以清楚把握，只有这样，教学过程的组织与实施才能顺利进行。

2. 教学过程是促进学生身心发展的过程

教学过程主要是按一定的学习任务和内容，依据认识论的规律和学生认识特点而组织、进行的逐步掌握和运用知识的活动过程，它本身不是学生的身心发展过程。两者有根本的区别，这是十分明确的。

一方面，教学要引导学生的发展，使人类的精神财富能顺利地转化为学生的身心发展，逐步提高发展水平，使学生在智、德、美、体等方面都得到一定的发展，并成为社会需要的优质人才；另一方面，教学又要遵循学生发展规律，适应学生发展的水平，并注意使教学走在学生发展的前面，激发学生在自身发展中的主动性、积极性，引导学生善于运用自己的智慧、能力、胆识与意志，创造性地进行学习，以最有效的方式促进学生的发展。现代教学应当是一种发展性教学，是能够有效促进学生发展的教学。

综上所述，教学过程是一种特殊的认识过程，也是一个促进学生身心发展的过程。在教学过程中，教师要有目的、有计划地引导学生能动地开展认识活动，自觉地调节自己的志趣和情感，循序渐进地掌握文化科学基础知识和基本技能，以促进学生智力、体力和社会主义品德、审美情趣的发展，并为学生世界观、人生观与价值观的形成奠定基础。

(二) 教学过程的规律

1. 直接经验与间接经验相结合的规律

学生的认识有两种：一是学生通过亲自实践获取直接经验；二是学生通过教学和交流获取他人认识成果，即间接经验。

(1) 学生认识的主要任务是学习间接经验

依靠直接经验的方式认识客观世界，认识的速度极其缓慢。随着间接经验的积累，人类个体借助教学的形式，掌握间接经验认识客观世界，加速了个体认识的速度，同时也加速了人类总体认识的速度。

借助间接经验认识世界，是人类个体认识的普遍规律，学生以学习间接经验为主是认识世界的一条捷径。第一，学生以间接经验或者以教科书作为认识的主要对象。教科书是对人类世代积累起来的科学知识加以选择、编写而成的，学生可以通过循序渐进地学习教科书来认识世界。第二，学习的任务在于继承前人的成果,并不是要发现,解决迄今为止人们还没有解决的问题。所以学生就可以沿着教师设计的正确的认识步骤和途径前进,使认识的指向始终集中在所要认识的事物的本质属性方面,避免了盲目摸索,能够简洁、迅速、高效率地进行学习。

(2) 学习间接经验必须以学生个人的感性认识为基础

学生要把书本知识转化为自己容易理解的知识,转化为自己的认识,还必须有一定的感性认识作基础,使感性认识与理性认识结合,再经过思维加工,学生才能深刻理解所学的书本知识。事实也证明,缺乏必要的直接经验,学生学习书本知识就会遇到很大困难。

(3) 防止忽视系统知识传授或直接经验积累的偏向

重视书本知识传授,忽视实际活动,不仅学了无用,还严重阻碍学生智力和才能的发展。重视直接经验,忽视"书本"知识教学,让学生通过实践活动去探索,学习知识,不仅破坏了系统知识的传授,还费时费力,效率不高。上述两种做法都违反了教学的规律。

2. 掌握知识和思想教育相结合的规律

无论是哪一种学科知识,其都具有思想政治教育的属性。不过,笔者需要指出的是,不同学科知识所显露的思想政治教育内容是需要依靠教师去挖掘的,教师要充分考虑学科特点,将思想政治教育内容与学科知识相结合,从而使学生在学习专业知识的同时也能更好地接受思想政治教育的熏陶。从这里其实可以看出,我们不能简单地将教学过程看作是教师向学生传授知识的过程,而是一个教师不断帮助学生塑造美好心灵的过程。教师在教学过程中可能会或多或少地加入自己的一些主观要素,但是这些主观要素并不会直接影响学生的世界观、人生观与价值观,能对学生的世界观、人生观与价值观影响最大的应该是一些客观的因素。

教学具有明显的教育性特征,只要教师在教学过程中向学生传授知识,那么就意味着思想政治教育活动正在逐步开展。教育绝对不是一种简单地教师向学生传授知识的活动,传授知识只不过是教育的一种基础性目标,开展思想政治教育活动才是整个教育的关键与灵魂所在。学生的知识与思想品德素质之间是有着紧密的联系的,是可以相互影响的,前者是后者提高的基础,后者能促进前者的掌握。因此,对于教师来说,他们应该明白这样一个道理,自己的任务是双重的,不仅要教书,而且还要育人。在教学过程中,许多教师很难平衡好这两大任务,以至于出现了两种错误的教学倾向:第一,有些教师过于重视知识传授、忽视思想政治教育,在他们看来,教材上的知识本就具有明显的思想性特征，自己根本没有必要再额外地对学生进行思想政治教育；第二，有些教师过于重视思想政治教育忽视知识传授，在他们看来，思想政治教育要比知识传授重要，这就导致他们的教学严重脱离了教材，具有了空泛说教的性质。因此，笔者认为，教师在教学过程中应该将知识传授与思想政治教育联系起来，将思想政治教育的内容寓于学科知识的传授中。

二、日语教学过程的特殊性

（一）基于认识的角度

1. 学生认识对象的特殊性

人类认识世界的过程是探索尚未发现的客观真理的过程。但在日语教学过程中，学生认识的对象主要体现在日语教科书或被规定的日语教学内容中，学生并不是直接去发现未知的日语。学生接受的是经过前人积累、整理或选择的日语教学内容，他们的学习以间接经验为主。可以在最短的时间内学到前人花费漫长岁月才能获得的日语知识和技能，这表明，学生是在间接地认识日语。

然而，现今的教学论更强调教学中直接经验的重要性，不仅掌握间接知识时需要直接经验，在发展智力、培养创造力时也非常需要直接经验。不过，在日语教学认识过程中，学生的直接经验，包括亲身观察、实践、体验等仍有其特殊性。一是这种直接经验从属于间接经验，是为更好地掌握间接经验服务的；二是这种直接经验是少量的，以达成一定的教学目标为限，不是越多越好；三是这种直接经验是经过改造的，它不是生活中的原样，而是在经过精心设计和挑选的典型化、简约化语言情境中的体验。而且除了有日籍教师的学校，国内很难出现真正的日语环境，学生的认知体验多是在假设的模拟情景下进行的。

2. 学生认识条件的特殊性

学习日语学生的认识主要是在学校、课堂环境下，在有专业背景的日语教师指导下进行的。在日语教学过程中，教师的主导作用是必然和必要的，教师决定着教学的方向、内容、方法、进程、结果和质量。同时，日语教师把能利用的有利条件、合适的教学内容、科学的教学方法组成适合学生发展阶段和水平的教学模式，引导学生通过自己的实践逐渐完成日语学习任务。这样，就尽量避免或减少了学生认识日语的失误，使学生少走弯路。

在日语教学过程中，教师的指导与学生主体是辩证的统一，即学生主体是在教师主导下的主体，教师主导是对学生主体学习的主导。既不能片面强调教师权威，也不能放任学生主体盲目行事。教师讲授无疑是必要的，教师不讲，学生不懂，就不能发挥主动性和主体作用，也无法激发和锻炼学生的思维能力、注意力、想象力和情感，但只有教师传授这一种形式也不利于发挥学生的主动性。必须把教师的主导作用与学生的主体地位统一起来，运用多种形式想方设法调动学生的积极性，激励他们开动脑筋去运用所学，形成外因通过内因而起作用的良性循环。

3. 学生认识任务的特殊性

在日语教学过程中，学生通过认识活动不仅能掌握日语知识和技能，还能发展智力和思维能力，形成科学的世界观和社会主义道德品质。因此，日语教学过程又是一个培养人的过程。这与成人认识一般事物的过程、科学家探索真理的过程是不一样的。日语教学过程中的各项活动会引起学生在生理和心理上十分复杂的变化。学生在这种变化中获得新知，形成新的技能或智力，同时接受某种观点、思想。这是教学具有教育性的客观规律，即认识作为一种反映，概括了认知、情感、意志、性格以及各种个性心理特征。思想教育或智力发展不是日语教学认识过程以外的东西，而是内在的，伴随日语教学认识过程始终的。

(二) 基于实践的角度

1. 实践目的的特殊性

日语教学过程中，言语实践不可缺少。要实际掌握日语，关键在应用，即将所学知识和技能在言语实践中反复运用，这样才能达到提高日语交际能力的目的。

2. 实践环境的特殊性

日语教学过程中的教师和学生的教学实践多限于学校、课堂这样特定的环境，不是在真正的日语环境中，而是教师根据教学任务事前设定的模拟环境。教师在这个模拟环境中对学生加以引导，以利达到预期的教学目的。

3. 实践方式方法的特殊性

日语教学过程中，教师可以通过示范演示、角色扮演、小组讨论、调查报告等多种形式丰富学生的感性体验，还可以借助直观教具，如挂图、卡片、实物、录像、PPT等，让学生感知新事物。根据教学目的，教师对日语学习任务精心设计、周密安排，使言语实践活动丰富多彩。教师在实践活动中展示自己的人格魅力，从而影响和促进学生成长。

三、日语教学过程的最优化处理

要做到日语教学过程最优化，就要依据开展教学活动的一般方法论。日语教师必须在清楚教学活动的整体及具体阶段的目的的前提下选择教学方法；依据教学活动的规律、原则、具体目的、内容和形式及其运用于类似情景的经验来确定组织、激发和检查活动的方法；还要拟定展开教学活动时运用各种形式和方法的顺序，形成最优组合。以下即从六个步骤对日语教学过程的最优化加以分析。

（一）教师领会教学任务

日语教学活动往往设置为不同的教学任务，教师要在领会整体要求的前提下，明确当前任务在全部教学活动中的地位；通过研究学生及所在集体的可能性、校内外环境对学生的影响、教学的物质条件和教师自身的可能性，收集使任务具体化的相关信息；要厘清本次教学任务与整体的关系，查明可以利用或依靠的优点，在实际教学中尽量发挥好的一面，防止不利方面的发展；思考如何调动每个学生的最大可能性使学生掌握本次任务中所含的日语知识和技能，包括智力的、意志的、情绪的，还有生活经验、品德修养、学习动机、兴趣爱好、生活目标或需求等。

（二）选择完成既定任务的优先标准

根据当前任务的特点，把现行教学大纲或课程标准中关于日语知识、技能等的评定标准进一步具体化；选择能判断师生用于该教学任务的时间是否合理的标准。

（三）选择最佳手段和计划

日语教师要分析该任务，明确任务内容对教学形式和方法的要求，确定能最全面、最深刻展示该教学过程所需的综合性教学手段；充分了解与该任务相关的教学法建议，如教师教学用书中提出的教学建议，考虑这些建议的优缺点和在本班实施的可能性，使教学法具体化；查询并把握以往类似条件下解决教学任务的先进经验，分析自己过去解决类似任务时的经验。综合上述信息，选出最合理的教学形式和方法。比如，依据学生的实际情况，初级阶段多采用较直观的教学形式和方法，高级阶段适当采用抽象的教学形式和方法。教师要按最恰当的顺序分配该活动各部分所需时间，选择解决该教学任务的最优活动速度。

教师还要把以上分析和思考以课时计划或教学计划的形式加以提炼，使教学任务完成的全过程清晰地呈现出来。

（四）改善教学条件

为了教学过程的最优化，日语教师要为解决教学任务做好理论和实践上的准备，尽可能为完成教学任务改善教学物质条件和学校卫生条件，如制作直观教具、准备技术设施、改善课堂光线和温度、减少嘈杂等；还要尽可能改善完成教学任务的精神、心理条件，如事先让学习较为吃力的学生对学习和完成该任务有所准备，为这些学生创设成功的机会，在他们取得初步成绩的时候及时予以奖励。教师要在处理班级中的学生冲突、师生矛盾、家长与学生的矛盾等方面有所作为。

（五）实施教学计划

进入实施教学计划的阶段，日语教师要调动学生努力完成教学任务的积极性，并按照既定计划的工作顺序组织教学活动；要以当时条件下最快速度开展该项教学活动，千方百计地激励学生积极独立地完成教学任务；同时，在进程中随机应变地对活动顺序、活动速度做出必要的修正。

（六）回顾与反思

该教学活动实施后，回顾全程并加以反思也是日语教学过程可持续最优化的重要方法。主要确认以下几点。

（1）是否以尽可能大的效果和尽可能高的质量完成了该项日语教学任务，班集体和每个学生是否达到了教师预定的日语学业成绩和发展水平；

（2）在达到预期效果和水平的情况下，是否超过了师生课内外活动的预设时间。

（3）如果日语教学任务的某些方面没有达到最优，其原因是什么；

（4）归纳能基本保证最好地完成日语教学任务的因素，积累日语教学过程最优化的经验，将它们记录在教学法研究资料中。

上述各步骤的全部工作呈现出一个在具体条件下实现教学过程最优化的完整程序。在这样的实际工作中，教师需要熟悉教学大纲或课程标准的要求，认识日语学科的性质，掌握开展教学活动的方式方法，还要熟悉日语教科书的内容，每课要掌握的知识、技能，蕴含的教育意义等。当然，教科书是基本的教学资源，但它不能随时修改，无法反映最新的时代状况，也无法完全适应各地区或学校的实际情况。因此，教师要根据学生的认知规律，按照系统性、连贯性、科学性和可接受性，以及教学与实际相结合、理论联系实际等原则，论证展开教学的合理性，根据需要对教科书编排的内容进行取舍，同时确定需要什么课型和作业，哪些内容可以放在课外让学生自学，哪些学过的内容需要复习等。

实施日语教学过程最优化，还可以对下列问题进行研究：教师口头叙述和讲解知识的方法如何与学生独立学习的方法相结合；边讲边巩固知识的方法和讲授后巩固知识的方法，哪种更有效果；一般教学方法与程序教学方法在效果上有什么不同。

虽然这种按照课题设计的程序看上去比较复杂，但事实证明，经过认真思考，采用最优化基本方法设计的教学程序及其实施效果都是令人满意的。

第七章　日语教学的主要方法与评价体系

如今，依托于迅速发展的互联网，我国的日语教学方法及其评价体系也取得了一定进展。但是，日语教学仍然有进步空间。本章将从日语的情境式教学法、任务型教学法、基于互联网的日语教学法以及教学评价体系建构这四个方面来分析日语教学的发展路径。

第一节　情境式日语教学法

一、情境式日语教学法的定义

教师在教学过程中为学生创设生动的、具有明显情绪色彩的情境，以使学生可以能够获得更多的实践体验，从而不断激发日语学习的兴趣，这就是情境式日语教学。[①] 与传统的教学方法相比，情境式日语教学融合了语言、行为和情感，激发学生的情感和兴趣是情境式教学的核心内容。

二、情境式日语教学法的原则

（一）实用性原则

情境式日语教学应遵循实用性原则。在外语教学系统中，情境是对学习有促进作用的重要因素。根据教材内容，教师设计出符合学生日常认知、真实、

---

① 张锐. 现代日语教学思维创新与实践探索［M］. 长春：吉林人民出版社，2021：60-61.

实用的情境。换句话说，教师所设计的情境需要和学生自身的经验相一致，设计出和日常生活实践有连贯性、有意义、有目的互动，并且是可能在现实生活中出现的表情。情境的设置要真实自然，同时使用实物、适当的教具、图片、音乐、视频等手段，营造真实的氛围，通过语境来感染和暗示让学生进入学习的主题，激发他们自然而然地使用某种适当的语言形式。通过创设真实而有意义的情境，不但能够激发学生的学习兴趣，培养他们自主学习的能力，还能提高他们的语言综合运用能力。

（二）创造性原则

情境式日语教学应遵循创造性原则。在日语教学中，教师要根据教材内容为学生创设积极的教学情境，从而使学生掌握的各种日语基础知识可以在情境中得到运用与验证，这样，学生从教材上获得的各种相对"死"的知识就会变得更加生动。从本质上来看，教师为学生创设情境，主要的目的并不是帮助学生机械地记忆语言知识，而是帮助他们灵活地运用语言知识。教师在向学生传授新知识的同时还应该注意引导学生对旧知识进行巩固，也就是说，教师要将新知识与旧知识结合起来，同时为学生挖掘更加多样的日语材料，使其能利用多样的日语材料实现新旧知识的整合。这样，他们就能完成自然的交际。这种自然的交际活动是一个积极主动、创设性的运用过程，而不是靠一味地模仿或者重复进而养成习惯的过程。

（三）交际性原则

情境式日语教学应遵循交际性原则。交际功能是外语的本质功能。交际功能指的是在真实的情境中灵活运用外语对信息进行吸收和传递的交际活动。交际活动包括四种形式，就是我们通常所说的听说读写，这四种交际形式各有自身优势，能促进人们在不同语境中的交际。笔者需要指出的是，所有的交际活动都离不开情境，不同的情境能为学生提供不同的语言体验，而且他们在言语情境中可以最大限度地激发自己的积极性，从而使自身潜能被真正挖掘出来，日语应用能力也能有所提高。而当学生的学习积极性被提高之后，他们就会明白自己才是学习的主人，进而在学习活动中不断地加强思考，努力地去找寻自己在日语学习中存在的问题，从而在解决问题的过程中不断掌握更多的知识，提升自己的知识技能。

三、情境式日语教学法的情境类型

在情境式日语教学中，主要有模糊情境、音乐情境、体态情境、生活情境、游戏情境、文化情境这六种情境类型。

模糊情境指的是画一些简笔画，让学生来猜测日语使用的框架，并用以前所学的日语进行表达。

音乐情境指的是通过放音乐让学生学习日语。日语歌曲不但可以渲染和烘托教学气氛，还对学生的情绪起到稳定的作用，使课堂节奏得到适当的调整。放音乐可以比较容易地将学生引入特定的情境中。例如，教师在讲解日语语音的时候，可以采取听日语歌曲，填写歌词的方式帮助学生积极地记忆假名。

运用不同的动作来模拟情境就是体态情境。情境中的各种动作都是有用的，能帮助学生记住各种句型与对话，而且，还需要指出的是，情境中的动作是需要靠教学语言内容决定的。因此，教师在教学中一定要谨慎地选择一些能表达语言意义的动作，这些工作同时应该是有着一定的语言节奏的。当教师找到合适的动作时，学生就能有效地理解他们所学的内容。学生可以一边听教师说，一边做动作。

语言来自生活，只有贴近生活，学生才能够学好日语。因此，在日语教学中，教师需要把课堂变成一个浓缩的社会，将飞禽家畜、花草树木、亭台楼阁"请到"课堂上，让学生看到、感受到生活中的一切，在真实的情境中感受、知觉、记忆、思维。

利用游戏打造的教学内容情境就是游戏情境。大多数的学生在学习之余的放松方式就是游戏，他们在游戏中能放松身心，因此，教师可以将日语教学内容置于游戏之中，从而使学生在玩游戏的过程中就能完成对日语的学习，而且因为游戏环境是轻松的、自由的，学生的学习效率也就能有所保证。可以说，教师可以在日语教学活动中根据具体的教学内容为学生设置合适的游戏。日语游戏教学也是一种双向的教学活动，教师与学生都应该积极参与其中，不过，二者在其中发挥的作用是不同的，教师发挥的是主导作用，需要引导学生积极参与游戏，学生发挥的是主体作用，需要激发自身的学习热情，不断提高自己的学习质量。比如，教师在讲解"能，可以"这个句型的时候，就可以说一些句子，让学生来猜是什么意思。

语言都是在文化土壤中孕育的，因此，对于任何一种语言来说，它都有着自己独特的文化内涵。因此，在日语教学中，教师可以有意识地为学生创设一些日本文化情境，结合教材知识让学生在情境中了解日本的文化背景与风俗习惯，从而使他们的文化视野得以开阔，还使他们不断提高自己的文化认知水平，对日本文化有更加全面而深入的了解，而这又能促进学生的日语学习与应用水平的提高。比如，在讲解到日本的节日时，可以向学生介绍一下日本不同的节日的由来、日本人怎样过节的等。这样，学生在学习日语知识的同时，就能对日本的风土人情、民俗习惯等有更加准确的认知。无论是教师，还是学生，其都应该明白的是，语言不可能脱离文化而存在，要构建语言情境，构建文化情境也是情理之中的。

四、情境式日语教学法的优势

由于起源于视听法，在教学过程中，情境式教学通过视听效果引入或者创建情境，从而形成一种情感、情境、情绪三者相互结合的教学方法。情境式教学有以下四个优势：第一，在情境式教学的过程中，注重情感的输入，提升教学内容的效果；第二，情境式教学将多媒体教学手段融入进来，适应时代发展的需要；第三，情境式教学能够激发学生的自主力，产生学习兴趣；第四，情境式教学不再局限于课本内容，采用生活情境回归现实的方法，增强了学生的日语实践能力。

五、情境式日语教学法的实施步骤

（一）以情境表演形式优化日语课堂

教师在对情境进行设计的时候，除了遵循情境设计的原则以外，还要注意所设计的情境能否和语言的形式和意义有机地结合起来。教师借助日语课堂上设计的情境帮助学生重新组合学习到的语言知识，通过模拟交际或者真实交际，培养学生在生活场景中运用语言的综合能力。与此同时，教师要充分地认识到情境并不是教学目的，而是实现教学目标的一种手段。设计的情境一定要以教材为基础，任何脱离教材的情境都是不切实际的。

在课堂教学中应该积极利用各种教学条件，创设出具有现实意义、生活化的日语交际情境，提高学生的课堂参与性，将所学的语法和句型知识应用到语言综合交际中。例如，日语里有很多的固定搭配。教师可以通过做一些动作来引出这些固定搭配，比如喝水、吃饭、吃药。同时，教师可以将学生分成若干的学习小组，让每一组派出一名学生表演，其他组的学生以抢答的形式用日语说出这名学生所做的动作。通过情境表演和教师精讲，学生可以很轻松地掌握这些固定搭配，顺利地完成教学目标。

(二) 以情境教学形式激发学生兴趣

地球上的每个地方都被互联网紧紧地连在了一起，这正好为日语教学提供了丰富的教学资源。日语教师可以充分地利用这一便利的条件，不断提高日语课堂的趣味性，创造生动活泼的语言学习氛围，激发学生的学习动机。课堂的趣味性，创造生动活泼的语言学习氛围，激发学生的学习动机。教师选出一些与学生所学内容相关的音频和视频，比如日语歌曲，日本电影、动漫。在学生欣赏这些音频和视频的时候，针对其中的歌词和台词，让学生试着归纳和总结出一些词汇知识和语法现象。对于那些经过重新填词被翻唱的日本歌曲，由于学生早已熟悉它们的旋律，可以鼓励学生模仿原唱的语音语调进行哼唱，甚至可以举行一个日语歌曲模仿大赛，激发学生学习日语的兴趣。在课下，教师也要鼓励学生多看日语节目、日本电影，把自己听到和看到的内容应用到实际生活中，试着用日语进行交流。

在课堂教学中，教师可以创造一些互动活动。采用类似节目主持的形式，把教学环节拆分成若干个栏目，并围绕教学主题展开，且各个环节紧密相连，相映成趣，使得课堂教学更加生动、更加有趣。例如，在教学中采用游戏的方式，帮助学生记忆单词。组织学生玩词语接龙的游戏。前一个学生说出一个单词，后面的学生要接着前面那个学生所说的单词的最后一个假名说出一个新单词，接不上就算输。特别是在学生学习五十音图的时候，学生学习日语单词的兴趣会大大提升。

在日语教学中，教材中总会出现一些比较晦涩的句子，离学生的生活实际比较远，学生理解起来很困难。为了能够贴近年轻人的生活和口味，教师应把一些最近比较流行的表达方式介绍给学生，让他们可以以非常轻松的心态来体会现代日本年轻人的时尚生活和情境语感，并能构思和运用现在日本年轻人最常用的那些口头语。此外，很多00后的大学生都喜欢日本动漫，特别是近些年流行的二次元。教师要正确地引导学生的这些兴趣爱好，从某个兴趣点切入，将学生对二次元的兴趣转化为对日语这门语言的兴趣，使他们从内心渴望学习日语。可见，教师可以通过调动学生的情绪来完成认知的过程。情境式教学是一种非常生动的教学方法，教师借助各种案例为学生打造多样的情境，从而使枯燥的语言知识变得更加有趣，能让学生在不同的情境中体验语言的灵活性。因此，在课堂教学中，教师要充分利用实物、图画、动作、语言来创设真实的社会语言情境。除了采用听、说、读、写等多样化的教学方法来创设生动、形象的社会语言情境以外，教师还可以通过营造生动活泼、轻松愉快的课堂氛围吸引学生的注意力，激发他们的学习兴趣，提高他们的语言交际能力。

第二节　任务型日语教学法

一、任务型日语教学法的定义

任务型日语教学法是以学生心理需求为核心的一种教学方法，认为教学是满足个人发展需要的一个过程，在学习目标上突出教学的情感价值，促使学生达到认知、学习目标和情感等方面的均衡。[1]

二、任务型日语教学法的原则

（一）扶助性原则

扶助性原则指的是在任务前帮助学习者铺路搭桥的工作，它与教师的课堂角色和作用有关，也包括倡导小组活动、合作学习等教学活动方式。"扶助"由两个方面的内容组成：一方面是认知需求，另一方面是情感状态。

（二）任务相依性原则

任务相依性原则指的是如同一个故事一样，教学过程中的学习任务必须前后呼应。

（三）循环性原则

循环性原则指的是只有在一段时间内不断地出现，学习者才能掌握语言，因此教师要为学生创设能够接触不同形式的目标语的各种情景。

（四）主动学习原则

主动学习原则指的是学习者积极主动地运用语言，以提高自己的语言水

---

[1] 牛蕊.能力本位视角下高校学生翻译能力培养实践［M］.成都：电子科技大学出版社，2018：20.

平，从而取得最佳的语言学习效果。

（五）整合性学习原则

整合性学习原则指的是学习者注重语言形式、语言意义、交际功能这三者的融合，因此教师在教学中一定要让学生意识到语言是一个整体。

（六）由模仿到创造的原则

由模仿到创造的原则指的是任务的设计对学习者从模仿语言的阶段过渡到创造性地使用语言的阶段具有促进作用。学习者如果只是一味地模仿语言是无法学会语言的，他们只有在不同的环境下使用学习到的语言才能够最终学会语言。

（七）反思性原则

反思性原则指的是教师应该引导学生反思所学的内容和任务执行中所做的内容，以便学生更好地掌握语言。反思性原则是任务型语言教学中的一个重要的原则。

（八）形式与意义的结合原则

这一原则指的是在日语教学中，教师应该将日语的形式与意义两方面的内容整合起来，在设计教学任务时也应该将形式与意义整合起来。

（九）真实性原则

教师要为学生准备真实的语言材料，为其构建真实的语境，同时在进行教学任务设计时，还应该注意任务的内容要贴合学生生活的实际。

（十）在做中学原则

在做中学的原则指的是将语言学习看作是做中学的过程：通过有意义地使用语言，学生可以发展自身的语言系统，教师要将课堂上的大部分时间用在学生的语言运用上，让他们通过亲身实践来掌握语言。

（十一）互动性原则

日语教学也是一种互动性的教学活动，不仅包括教师与学生的互动，也包括学生与学生的互动，在不断的互动中，日语教学的质量能有所保证，学生日语学习的质量也能有所保证。

三、任务型日语教学法的优势

（一）增强学习趣味性

教师在教学中使用特定任务进行语言教学，学生带着任务在相关背景知识、场景指示中用已知的语言进行表达，学习任务得以顺利完成。任务型教学能使学生学以致用，使他们明确学习方向，激发他们的学习积极性，同时将语言学习的真实性和及时性凸显了出来。借助任务型日语教学法，教师将使教学目标、内容变得更加明确，更为重要的是，学生在接受教学的过程中，其思维能力也能获得培养，从而使日语词汇、语法与句型的使用变得更加合理。

（二）提高教学目的性

任务型教学方法会帮助教师在课前为学生设置课前预习任务，同时还能在课中帮助学生答疑解惑，这样，学生学习的知识将会更加完善，同时其学习效率也会有明显的提高。从课前预习部分来看，学生主要学习的是一些日语基础知识，主要包括词汇、语法与句型等知识，这些知识的学习有利于其养成自主学习的习惯，能帮助其不断地改善自己的学习计划。在前期不懈的努力下，学生一般能掌握扎实的日语基础知识，同时也能提高自己的自主学习能力，而当知识与能力具备之后，其就能不断分析自身的学习活动，优化自己的学习方法，进而不断提升自己的学习质量。可见，任务型教学其实已经确立了它的一个重要目的，那就是要不断培养并提高学生的自主学习能力。

（三）提高语言综合运用能力

对于语言学习来说，虽然有的学生已经掌握了大量词汇和语法知识，有着很强的应试能力，但是当他们进入真实的语言环境中便出现了很多问题，比如词汇使用不合理、语言转化慢、对话回应滞后。这正是日语教学中越来越多地应用任务型教学进行授课的一个原因，以期更好地解决现有日语学习中出现的一些问题。

四、任务型日语教学法的实施步骤

（一）课前任务

教师可在课前向学生布置一些学习任务，这些任务涉及词汇、语法、句型等不同的方面，学生完成这些任务的过程就是其进行自主学习的过程。现在的大学生大多为00后，他们是伴随着互联网发展起来的一代，借助互联网平台，他们开阔了自己的视野，对各种问题往往有着自己的想法。他们解决问题的方法是多种多样的，当他们遇到问题时，他们可以向教师、同学请教，同时也能利用互联网平台寻求答案。正是因为现代大学生已经具备了这种自我探究的能力，教师才能在日语课堂上顺利地实施任务型教学法。

笔者通过具体的示例对日语任务型教学进行阐述。比如，教师可为学生确立一个任务目标：学生需要用日语详细介绍中日家庭的异同。具体来说，教师可以在课堂上随机选取一名学生，给他五分钟的时间去论述中日家庭的差异与共性。笔者需要指出的是，教师随机选取学生是非常重要的，它能让每一个学生都具有危机意识，都自觉地做好准备，进而使其学习积极性能得到有效激发。在课前任务阶段，学生的学习任务还是相当繁重的，他们需要花费大量的时间与精力去钻研各种词汇、语法与句型知识。当然，不可避免地是，学生在课前任务阶段可能会遇到一些没有学过的语法，这可能会导致其无法将文章的真正意思梳理明白。这时教师的作用就凸显出来了，教师要仔细分析学生的课前预习反馈，了解学生在日语课前任务阶段存在的语法知识疑惑点，进而了解自己应该着重讲解哪些语法知识。

（二）课中任务

完成了课前任务的学生，其一般已经掌握了一些日语知识要点，这时教师就需要继续为学生发布课中任务。具体来说，可以为学生创设一定的任务情境，让学生在情境中完成任务。比如，教师可以让学生准备自己家人的照片，然后与让学生与其他人组队，他们之间可以用日语互相介绍自己的家庭，从而使学生的日语口语与听力能力得到一定程度的提升。这类存在于课中的会话练习是十分必要的，那些在前期任务完成度高、基础知识掌握扎实的学生往往能更好地完成课中任务。

(三) 发布任务

在完成课前与课中任务之中，学生一般情况下是能掌握课本知识的，之后教师要继续发布任务，让学生利用自己已经学到的知识对某一类话题进行详细的描述，比如，可以让学生描述《我的家庭》这一话题。让学生利用自己已经学到的日语知识描述自己的家庭情况，教师可以从学生的描述与表达中看到学生的学习情况，进而可以对学生学习不足的地方予以改进，对学生学习不错的地方予以肯定。

第三节 基于互联网的日语教学法

一、慕课日语教学法

(一) 慕课日语教学法的内涵

慕课（Massive Open Online Courses，简称 MOOC）就是我们所说的"大规模在线开放课程"，这一课程形式源自美国，在美国获得了一定的发展之后又开始在世界范围内传播。慕课是一个人们可以分享知识的平台，人们可以将一些优质的课程放在慕课平台上，只要是注册了平台的用户都可以自由地从平台上下载资源。慕课日语教学法就是一种借助慕课平台开展日语教学的方法，人们利用互联网拓展了日语教学的渠道，同时也让更多的人可以学习日语。慕课日语教学法与传统课堂教学有着显著的差异，它依托的是互联网平台，教师利用互联网平台可将日语教学资源传递给每一位平台用户，从而将教学活动延伸到线上。

通常来说，慕课日语教学方法主要包括以下几点内容。

第一，有教学视频的支持，通常来说，教学视频的长度维持在 6~10 分钟。

第二，有着完善的在线考试体系，不仅能让学习者在慕课平台上完成过程考核，而且还能让学习者完成个性考核。

第三，有着不少具有明显开放性特征的话题，这些话题能满足不同学习者的需求，从而使其能不断激发自己的学习兴趣。

第四，有着其他的一些辅助资源，这里的辅助资源主要有 PPT、模拟试题等。

(二) 慕课日语教学法的分类

1. 基于任务的慕课日语教学法

这一种教学法的主要目的就是让学生通过完成不同的任务能掌握多样的知识与技能。学生在学习方面不能急于求成，而是应该循序渐进地进行，要根据自身的学习特点找到一条适合自己的学习道路，寻找到一种适合自己的学习方法。学生可以学习各种日语文本材料，然后观看一些日语视频，并将从文本与视频中学习到的知识上传到慕课平台，从而使更多的人学习到自己已经总结好的日语知识。学生从文本材料与视频中学习日语其实就是完成日语学习的任务，而其将自己总结的学习经验上传到慕课平台，则是让更多的人完成日语学习任务。

2. 基于内容的慕课日语教学法

这是一种要求学生掌握日语学习内容的教学方法，一般来说，教师会对学生的学习结果进行评价，他们所使用的评价方式也是多种多样的，不仅使用总结性评价方式，而且还使用形成性评价方式。具体教师会使用哪一种评价方式，还应该根据学生的学习内容确定。这一教学方法还鼓励学生建立学习社区一起学习，在学习社区中一般都会聚集许多名校的优质教学视频，通过观看这些视频并参与社区内部的问题讨论，学生的知识视野将会开阔，同时其思考能力也能有所提高。

两种教学方法都有自己的特性，但也存在一定的共性，其所展现出来的共性特征主要包括以下几点：第一，所有的慕课课程的设计与组织都不可能脱离网络而存在；第二，慕课课程设计需要涉及多方面的内容，不仅涉及课程资源、视频，而且涉及学习社区等；第三，慕课视频的时长是相对比较固定的，一般维持在 8~15 分钟之内；第四，学生有着更大的自主权，他们可根据自己的喜好与自身学习的实际选择慕课课程；第五，慕课课程所面对的对象是全体学生，而每一位学生都有着自己的个性、学习习惯与学习能力，因此，学生通过学习慕课课程需要达成的目标也是多样的；第六，慕课课程并不是封闭的，它面向所有人，是向所有人开放的，其他人也可以对相关课程进行必要的补充。

(三) 慕课日语教学法的实施步骤

1. 多样化的课程设置

慕课教学法是一种新颖的日语教学法，它突破了传统日语教学的局限性，让日语教学的质量有所提高。过去，优质的日语教师资源非常有限，同时这些教师的课堂讲解相对比较呆板，只会根据教学大纲、围绕教材进行日语教学，很显然，这种教学方法是一种单一的教学方法，没有个性可言。不少高校设置的课程多集中于一般性的语音、词汇、听说读写等课程，并没有拓展日语课程体系的范围，即使设置了一些与日语有关的选修课，这也并不表明高校已经做出了改变，其实这些选修课也不过是为了应对学生需要的考试。慕课日语教学法旨在优化日语课程，保证课程设置的多样性，同时最大限度地满足不同学生的需求，这就让日语教学质量与效率都有所提高。

2. 多样化的教学方式

在教学改革浪潮的推进下，日语教学改革也在不断地推进中，但仍有一些日语教师不想做出改变，依然使用传统的知识讲授的模式。当然，也有一些教师试图做出改变，比如开始在日语课堂上使用多媒体，这的确在一定程度上让日语教学变得生动、活泼，但却无法从整体上促进日语信息化教学改革目标的实现。慕课教学方法是一种不死板、灵活的教学方法，学生利用慕课平台、慕课课程可以轻松地获取各种各样的日语知识，同时，学生的学习也不再受是空的限制，即使学生不在学校，其也能通过慕课平台学习。他们利用自己的手机、iPad 能完成随时随地的学习，更是能不断提升学习的效率。

3. 多样化的考核方式

在当前网络技术飞速发展的背景下，日语慕课教学考核方式也变得越来越多样化，传统教学考核方式仅仅依靠是的笔试与口试，所有的学生的标准都是一样的，无法将学生的真实水平彰显出来。但慕课日语教学考核方式更加具有个性化的特征，能根据不同学生的学习情况对其进行针对性评价，从而使每一位学生都能了解自己在日语学习中的优势与劣势，从而不断地激发自己学习日语的积极性。

二、微课日语教学法

（一）微课日语教学法的内涵

微课也是一种基于信息技术发展而来的一种教学方法，教师借助微视频向学生传递日语知识，学生则可以随时随地观看微视频。

（二）微课日语教学法的分类

1. 非常 4+1 微课资源结构模式

这是一种当前教育部还比较推崇的教学方法。这里的"1"就是指微视频，它是微课日语教学法实施的关键资源，其他的四种资源都是围绕着它进行设计与构建的。"4"指导是与微视频相关的其他的四种要素，分别为微练习、微课件、微教案和微反思。从这里可以看出，非常 4+1 微课资源结构模式有着清晰的层次、稳定的要素，能在教学中发挥积极的作用。

2. 可汗学院微课教学模式

这是一种诞生于美国的教学方法，它虽然有着应用范围广的优势，但又建设成本高，因而有些学校会选择性的应用。在这一教学模式中，无论是教学设计者，还是教师与学生，他们之间都是紧密联系的，是可以彼此相互影响、相互作用的。可汗学院的主要工作就是进行教学设计工作，合作院校的教师则可以利用充分利用微视频、微练习等资源，从而实现教学质量的提高。

这一教学模式尽管有其优势，但是其劣势还是比较明显的，主要集中于以下几点：第一，从可汗学院本身来看，它并不具备翻转课堂教学模式；第二，可汗学院与学校之间是不同的，它们之间相互独立；第三，可汗学院是与学校教育相区别的一种在线教育；第四，可汗教育将教育的重点放在了知识的传授上；第五，可汗学院能达成的教学目标比较有限，无法达成人才综合培养的目标；第六，可汗学院无法真正培养学生的综合能力。

（二）微课日语教学法的实施步骤

1. 微课学习平台构建

日语微课教学模式是在微视频的基础上形成的，它包括许多不同的模块，不仅包括互动答疑模块，而且包括微练习等模块。每个模块都能发挥自身的作用，有些模块能极大地提升了学生的学习兴趣，有些模块则可以有助于教师信息化应用能力的提升。微课学习平台是一个创新平台，微课教学模式在这一平台上得到了很好的展现，它足够灵活，学生可以在上面获得更多的知识。

2. 微课录制技术提升

要实施微课教学模式，需要教师掌握一定的录制技术，最好能做到录制流程的简化，从而降低微视频的录制时间成本，使微视频的制作能变得更加容易。因为微课录制技术对于微课教学模式的实施有着重要的影响，因此，教师还必须要不断提升自己的录制技术，在业余时间里多学习录制技术，从而使其制作的微视频质量佳。

3. 资源开发与共享

笔者必须承认，目前的日语教学资源出现了发展不平衡的情况，而微课教学模式能让教师与学生可以接触更多优质的资源，同时，他们所总结的优秀的教学资源也能被分享给其他人。

第四节　日语教学评价体系的构建

一、日语教学评价体系的基本内涵

日语教学评价体系是一种对教学过程、结果进行价值判断的系统。这一评价体系不仅会对教师的"教"进行评价，而且还都会对学生的"学"进行评价。该体系包括两个比较核心的部分，一个是对教师教学工作的评价，另一个则是对学生学习活动评价。通过合理的评价，能确定教师教学效果与学生学习效果的优劣。

二、日语教学评价体系的功能

（一）导向功能

日语教学评价体系构建有其基础，这里的基础指的就是教育方针、课程计划规定的人才培养目标，教学大纲规定的教学目的、任务等。要对教师的日语教学与学生的日语学习活动进行合理评价，并制定出科学的评价标准，依据这些评价标准就能确定教师的教学活动是不是达到了预期的效果，学生的学习活动是不是达到了预期的效果。同时，对评价的结果进行全面的分析，还能使教师可以知道自己在教学中的不足，让学生了解自己在学习中的不足。

（二）反馈功能

在日语教学评价结果的辅助下，教师能对自己的教学过程有清楚的了解，同时学生也能从整体上把握自己的学习情况。更为重要的是，双方都可以将自己的各类消息反馈给对方，这就是日语教学评价体系反馈功能的展现。其实，信息工程学早就已经表明，信息反馈是能帮助人们调节自己的行为、能促成人们目标的达成的。当教师获得学生对自己教学的反馈信息时，就能对自己的日常教学工作进行必要的梳理，从而不断地改变教学中的不足，完善教学内容与方法。学生获得教师的反馈之后就能对自己某段时间以来的学习情况有准确的把握，这样就能对自我的学习目标进行合理的调整，而且当有些学生看到自己的日语学习效果不佳时，其也会自觉地激发自己的学习动机。

（三）强化功能

日语教学评价体系不仅能将教师工作的积极性激发出来，而且帮助学生了解自己在学习过程中的问题所在，从而自觉地使自己保持一种紧张的学习状态，时刻集中注意力去学习。合理的评价能激励教师，使他们能有信心去做好自己的本职工作，同时也能更好地完成对日语教学内容与方法的优化，这样，日语教学的质量就能有所保证。合理的评价也能激励学生，让学生了解自己的优势与不足，从而扩大优势，弥补自己的不足，最重要的是能激发学生的积极性，使其更加积极地参与各种学习活动。学生还能根据评价结果调整自己的学习计划，甚至能转变学习方法，形成更加良好的学习习惯。

三、日语教学评价体系的运行问题

但总的看来，现行的大学日语教学评价中还存在以下问题。

首先，教学评价形式单一。在我国外语教学的主要评价形式就是测试，日语也不例外。用试卷对学生进行检测，似乎是教师和学生的唯一的评价关系。教师很少引导学生进行自主评价，也较少和学生进行合作评价。

其次，在日语教学评价过程中，用终结性评价代替过程性评价的现象十分严重。学习有一个过程，对过程中的情况要用形成性手段进行评价，对学生的最后学习效果则应该要用终结性手段进行评价。

再次，教学评价心态存在问题。一是被动接受外部评价，二是盲目相信分数指标，没有分析性的评价和解释性的评价。

最后，能力评价和知识评价的关系处理存在较多问题。在现有的评价方式中，知识目标容易进行评价，而能力目标难以进行评价。这样在实际教学评价中就容易重知识而轻能力。

四、构建日语教学评价体系的路径探索

（一）确立科学的日语教学评价体系构建原则

要对传统的体日语教学评价观念予以彻底改变，同时应该依据日语教学目标的要求让教师与学生都可以对日语教学的现状有清晰的把握。教学评价的最终目的就是使教学质量得以提高，借助学生的反馈，使教师可以发现教学中的问题，并根据问题不断地做出改变，从而使教学内容、教学目标与教学方法等更加符合学生的需要。教学评价体系的参与者不应该仅仅包括评价者，笔者认为，被评价者也应该参与进来，也就是说，要从不同的个体的视野中了解日语教学，这样才能保证日语教学评价的全面性与科学性，同时也能使被评价者在日语评价教学中发挥作用，使其找到自己的价值，进而也能在日语学习活动中更加积极。

要制定更加合理的日语教学评价计划与体系。笔者必须要指出的是，学生日语的学习并不是一蹴而就的，是一项长期的活动，需要学生的不懈努力。因此，日语教学的评价工作也不能仅仅着眼于学生的某一个学习环节，而是应该贯穿在学生学习活动的每一个环节中。评价者需要对学生某段时期内的日语学习进行评价，从而使学生的知识、技能与情感等都可以获得科学的评价，更为重要的是，评价者不能使用单一的评价方法，要在考虑评价有效性的基础上选择多样的评价方法，甚至还可以在总结过往评价经验的基础上探究新的评价方法。

同时要改变传统的评估方式，最好可以使用形成性评估方式，从而使高校日语教学评价体系变得更加科学。当然，评价者也可以使用终结性评价方法，不过，使用这一平价方式时应该明确重点，将考试的反驳作用看作重点，也就是说，不要只是依据学生的期末考试成绩就判断学生的日语学习水平，而是应该关注学生在不同学习阶段的考试成绩，要将其综合起来看。一直以来，终结性评价过于关注学生的学习成绩，并没有对学生学习的具体过程进行合理的评价，以至于教学的反驳作用都没有被彻底发挥出来。可见，评价者在对学生的日语学习进行评价时绝对不能使用单一的教学方法，而是应该结合形成性评价与过程性评价，甚至要不断探索新的评价方法，只有这样，学生的日语学习评价结果才能是合理的。

要保证日语教学评价内容的多样性，不能将评价的重点仅仅放在学生的考试结果上，而是应该拓宽评价内容的范围，将学生的智力、学生之间的合作情况等都应该纳入评价内容体系中，这样，教师就能全方位把握学生的情况，进而采取一切有效的手段去提升学生的综合素质。

(二) 建设全面的日语教学评价体系

学生是课堂教育评价体系的主要参与者，建设课堂教学评价体系需要充分考虑学生的主体地位。合理的体系建设过程中要求老师不仅要教导学生专业方面的能力，也要培养学生对日语的兴趣，促使学生主动探索，养成学生认真务实的学习态度。

在日语教学中，对于教师的要求会更加严格。教师首先需要在教学体系上进行革新，以学生喜爱的方式教学，激发学生的主观能动性和积极性，尽量满足学生的好奇心和求知欲；教师教学过程中要关注学生的个体差异，了解学生的日语水平，结合学生学习日语的特点因材施教，营造学习日语的氛围，鼓励学生多尝试开口，不畏惧出错。在学生学习道路上，教师要做一个领路者，帮助学生建立自己的学习体系，总结自己的学习方式，培养学生的自主学习能力。从当前教育现状出发，需要实施新的教学模式，将教师的位置摆正，尊重学生的个性化发展和个体差异，根据学生个体学习特点，让他们自主选择适合自己的学习材料和方法，并适时加以引导，提高他们自主学习能力和自控能力。因此，在日语教学评价体系建设过程中，要真正以学生为出发点，让他们表达最真实的想法，并将其及时反馈给老师，这样教师才能在教学过程中不断进步，体系也能不断完善。

大多数高校的学生都已经跨入成年的门槛，对世事也有自己的评判标准，相信会给予教师相对公正的评判。学校需要对于教学评价体系的建设做出具体措施，比如可以根据本校的实际教学情况，制定科学合理的考核指标；及时向教师了解学生学习过程中的困难；向教师普及学生评价的重要性以及评价的标准和条例；在教学过程中，对教师与学生的互动状况做客观评估；考查学生的课堂表现，对教师的行为进行全面评价。在教学评价体系中，学生作为最直接地参与者和受众，是最有发言权的主体，与教师自评、专家评论、领导评论相比较，学生的评价应该是占比重最大的。且学生的评价也较客观科学，少有恶意评价的情况存在，也不被世事人情困扰，有失公允；学生群体也是比较庞大的群体，拥有数量众多的参考数值，在评价体系中可以保证最大限度地公平，是具有代表性的。在建设教学评价体系中，教师、学生、学校缺一不可。

在教学评价体系建设中，充分考虑学生的构建思想，开发新的工作。在目前的日语教学评价体系中，从管理的角度制定规则所占比例偏大，一般都是由学校的教学管理人员制定，综合考量的比较少，缺乏对学生主体作用的考虑，使体系建构并不完整，教学效果也不理想。教学评价体系设计的合理与否与未来日语是否蓬勃发展息息相关，所以在设计体系时，要全面充分科学的考量。学校教学管理人员需要融合学生的愿望与教师的课堂教学实践，充分深入理解学生的具体评价意义所在，并认真了解教师教学实践内容，满足双方需求，将评价标准合理最大化。在设计大学日语课堂教学评价体系时，将学生的评价作为参考的关键点，从学生评价的内容中分析其对教师教学要求并及时反馈，让教师及时做出调整，争取满足学生需求，让他们对日语学习发挥最大的热情。通过评价效果，进行评价体系的完善，比如教师的课堂教学方式、教学态度、教学内容的明确性、教学语言的生动性、教学效果、师生互动等，都可以进行完善。

（三）提高实际运用能力评价的重要性

对于学生的语言表达能力进行考核，提高实际运用能力评价的重要性。在日语的学习中，除了传统的读写能力，教学的重点应该放在学生的实际运用能力上，重视学生听力和口语的能力，能让学生在日常生活中真正学有所成、学有所用，激发学生对日语实际运用的兴趣。各个大学应该积极行动，将大学学习的新模式与教学评价体系结合，开展与教育教学改革相关的各方面活动，积极推动课堂教学评价体系建设和完善。教学管理部门中的大部分管理人员关注的是教师的教学成果，比如教学评估的目的是否明确，教学内容的安排是否适当，教学内容是否有重点，教学过程中是否有难点突破，学生的成绩是否达标等等，但却忽略了学生的感受，不注重培养学生的学习兴趣、学习态度、情感与学习策略，没有塑造一个相对优秀的日语学习环境，导致学生对于日语学习积极性不高。在形成真正良好的教育体系时，要注重学生实际运用能力培养，让学生积极参与社会活动，可以将日语学习与现实运用相结合，让学生体会到学习日语的乐趣。

第八章 跨文化视域下日语教学的发展

在进行日语教学活动的组织与开展时,应格外注重培养学生的跨文化语言交际能力,以此增强学生的日语文化综合素质。在日常日语教学中,应将跨文化教学理念引入教学过程,不仅要帮助学生提升日语学习质量,让学生掌握日语学习的方法,使其触类旁通以此传授给学生学习外语的一般性实用方法,还要培养学生的跨文化视角,语言文化相结合,不断增强学生对日语的实际运用能力。

第一节 日语教学中的文化导入

一、日语教学中文化导入的必要性

(一) 由语言和文化的关系所决定的

相关研究表示,文化与语言密不可分。语言是文化的一部分,如果说文化是一棵大树,那么语言就是枝丫,在日语学习过程中,不主动理解语言的生长环境就容易一叶障目,导致看待问题过于简单、片面,文化为语言的生长提供了必要的"养分",每种文化的独特生长方式也决定着不同语言形式之间的差异。本民族文化的特征、内容等都被包含在语言中,通过语言,文化能够以一种符号的形式展现在人们面前,由此可见,语言是文化的重要载体。因此,学生在学习语言的时候,其实质就是在学习该民族的文化,语言是社会实践的产物,是文化的一但是,现如今的日语教学虽然已经在我国外语教学中占据着重要地位,但是,大多数教师以及学校仍然以培养"尖子生"为标准,比起培养全面发展的日语人才，他们更在乎学生在竞赛、考核中有没有取得优异成绩，相对忽略了对学生日语实际运用与实践能力的培养。因此，从语言与文化的关系角度看，应加强日语教学的文化导入环节，引导学生讨论中日文化的对比，以此增强学生对文化的深刻印象，提升学生对日语的敏感度，在精心渲染的氛围中，让学生更快、更好地接受日语教育，循序渐进地培养学生的跨文化交际能力。

（二）日语课程教学的基本要求

日语课程教学包含着教学理论、教学目标、教学方法等。如今，日语教学系统建立所运用的基本理论主要是语言学的基础性理论；贯彻于日语教学过程的目标主要服务于现实，面向社会发展需求制定教学目标，以此增强学生的自主学习能力以及日语综合应用能力；日语教学方法包括转换生成法、语法翻译法、直接教学法、静默法、二项分析法等。从总体上看，日语教学已经积累了丰富的经验，但在整个教学系统中，设计者与教学者一般都把日语看作一种纯知识性的学科，从而忽略了日语的工具性，即日语是一种交际工具。学生在这种教学系统中能够学习丰富的日语基础性的理论知识，比如语法规则、词汇读音、写作技巧、翻译策略等。日语教师在这个过程中关注并培养学生的语言能力，但这种语言能力更多倾向于基础性知识的运用，以此应对考试、考核等，用一种近似于投机取巧的方法机械地开展日语教学活动。随着全球化的深入，社会以及市场对日语人才的要求逐渐提高了，日语文化教学必须导入文化知识以及背景补充，这样，学生在实际使用日语的过程中才不会只知其然不知其所以然，能够有效避免由于文化差异所造成的语用错误，增强学生的日语文化交际能力。

（三）国内外客观形式及大学生文化习得现状决定

纵观国内外日语人才需求以及日语教学中大学生习得现状，不难发现，日语教学中存在着一对不可忽视的供需矛盾——大学生的日语习得无法满足当下社会对于应用型日语人才的需求，学生在课堂中学习的日语知识只是一些基础性理论，当学生走进社会会发现，在课堂中学习的日语不能完全满足自己现实的交流需求，要想提升日语交际能力还要靠自己的进一步学习。从这个角度来看，日语教学中文化导入是十分必要的，为培养日与应用型人才，摆脱母语在日语学习过程中的干扰，应该在日语教学过程中融入日本社会以及文化教学。向学生介绍日语国家的礼仪风俗、文化习惯、地理人文、社会热词等，这种文化的学习不仅能够开阔学生的眼界、增长学生的见识，还能引发学生更大的日语学习兴趣。日语文化的传授能够让学生的日语实际使用能力得到有效提升，为社会培养更多实用型人才。

日本人最主要的文化心理就是善于接受并学习外来事物，这种心理在日本发展的历史过程中有众多体现，比如在明治政府时期，日本积极引进、学习欧美文化以及儒教、佛教、神道文化，多种文化的融入必然会引起冲突，因此，日本也在此过程中养成了善于学习、善于折中的民族文化习惯，这种文化习惯不仅影响着日本人对外来文化的态度，还影响着日本人生活的方方面面，对日语的变化发展过程也具有重要影响。日本的折中思想与中国的"和而不同"思想有着极高的相似性。儒家文化发源于中国，其思想中较为突出的观念之一就是和而不同，儒教传入日本，其中的某些思想肯定了日本积极摄取文化的民族心理。教师在教学过程中可以以某个文化角度切入，探究中日文化的异同点，并带领学生了解文化特征形成的原因，这种教学方法能够使学生对日语及其文化有更为深刻的体验和感悟，由此使日语教学活动达到事半功倍的效果。

二、日语教学中文化导入的原则

（一）目的性原则

日语教学文化导入活动要遵循目的性原则。在日语教学过程中，目的性是首要原则，日语教学活动都是围绕一定的教学目标展开的，不同目的的设置对于整个教学活动的设计都有着重要影响，为实现一定的教学目标，教学方法、环节设计等都要一一对应，开展教学活动的时间、空间等也要精心设计。教师可以在导入新课时，通过形式较为新颖的学习资料激发学生的学习兴趣，告知学生本节课的学习目标，并由教师掌控课堂节奏，运用各种方法引导学生逐步实现学习目标。

在此强调两点：第一，教师不能为了导入而导入，导入内容应参考本节课的教学内容，应服务于实际的教学目标，不能选取与本节课程内容无关的信息，这种做法会导致学生在课堂上产生迷惑心理，杂乱无章的知识体系不利于学生对日语知识的把握和理解；第二，文化导入阶段切忌生搬硬套，应合理评估导入活动，预想实际课堂中会出现的问题，必要时可借助游戏活动。

（二）适用性原则

日语教学文化导入活动要遵循适用性原则。教师在实际的教学活动中不仅要把基础知识当作教学重点，还要把必要的日语文化知识当作教学重点，以此提高学生的语言敏锐度以及准确度，结合教材内容以及社会需求，选取具有现实适用性的日本文化，提高学生的日语交际能力。

（三）主体性原则

日语教学文化导入活动要遵循主体性原则。教学理念应随着时代进步而更新，文化导入活动设计应以学生为主体，日语教师充分发挥引导作用，掌控教学的整体节奏，设计教学活动让学生感知日语的魅力。学生发挥主体作用完成任务的过程就是强化、记忆日语知识的过程，也是在进行日语实践的过程。在语言的学习过程中，学生的学习具有特殊性，他们不仅是一般课程知识的接受者，还是日语课程知识的实践者，学习语言就是在学习文化，学生能够在文化导入环节汲取日语文化中的优秀民族品质。学生通过自主理解、思考、实践等过程，能够促进学生个体的全面发展，这种发展不仅体现在学生的日语课堂成绩方面，还表现在学生的日常生活与心智发展方面。

（四）实用性原则

日语教学文化导入活动要遵循实用性原则。日语教学应充分尊重现实，实事求是，应及时筛选、去除已经被现实生活淘汰的、与现实生活相去甚远的日语表述形式，主动充分了解日语表达新形式，教授给学生更为地道的日语使用方法。同时，日语教学还应将学生个人发展与教学计划联系起来，调研当今社会对日语人才的需求，结合时代特色以及职业要求，适当改进或者补充日语教学目标。除此之外，日语文化导入环节的内容不宜过于简单，这样不利于激发学生的学习兴趣，但也不宜过于深奥、理论化。

（五）简洁性原则

日语教学文化导入活动要遵循简洁性原则。文化导入作为一种教学活动，所占用的课堂时间比例不宜过高，一般来说，文化导入环节控制在3~5分钟左右比较合适，如果导入时间过长就会引起学生对课程的厌烦情绪，如果导入时间过短，此环节就不能明显提高学生的学习兴趣，学生没有做好充分的准备是不利于整个课堂的开展的。

再者，简洁并不等于简单，日语教学是一个严谨的实践过程，是由导入、呈现、理解、巩固和结尾这五个主要环节构成的统一整体，从哲学的角度来看，日语教学导入是日语教学整体的组成部分，是构成日语教学系统的"零件"，整体效果的发挥依靠构成整体的各个要素共同实现。因此教学导入活动应和其他环节活动相配合，教师在尽可能短的时间内引起学生的学习兴趣，为接下来教学环节的逻辑思路做铺垫。相较于传授文化知识，教师讲课的难点其实是把握学生想法并积极主动出击，维持学生对知识的新鲜感、好奇心，而简洁的文化导入内容不仅能有效吸引学生注意，还能培养学生的问题意识与独立思考能力。

三、日语教学中文化导入的内容

（一）基础背景文化

这里的基础背景文化主要包括两部分的内容，一部分指的是语言产生的社会历史文化背景，另一部分指的是语言使用的社会历史文化背景。日语教学不是一种单纯的语言教学活动，它也应该是一种日本文化的教学活动，因此，笔者认为，日语教师应该在日语课堂上有意识地导入一些日本基础背景文化知识，比如，日本的政治、历史、天文等知识。在学习日语的过程中，如果学生无法对与日语知识相关的日本文化知识有足够的了解，那么，其就很难完成对日语教材的消化，因此，教师应该认识到日语学习与日本文化学习之间的关联性，在日语教学中不断地融入日本文化。此外，日语教师在日语课堂上向学生输入日本文化知识时还应该让学生了解到世界各民族的文化都是平等的，其不应该用自己本民族的文化标准去判定其他民族的文化，应该具有跨文化意识，能认识到中日文化之间的差异，同时在了解日汉语言时也能更自如。

（二）社会规范文化

规范其实就是一种标准或规则，是社会或群体希望个体应该自觉遵守与维护的规则。一般来说，规范与交际有着十分紧密的联系，是一套完整的规约，能指导人们的行为。规范连接着环境与符号，使环境与符号之间因为它可以产生"交流"。规范主要由民俗、道德规范与法律三个范畴组成，其中，法律是政治范畴的一部分，因此，教师不应该将其看作是日语课堂上文化导入的重点，应该将民俗与道德规范作为文化导入的重点。其实，道德规范与民俗之间也是有着紧密的联系的，前者是后者的一部分。民俗范畴中也有一些与日语学习有关的内容，主要包括两部分，一部分为言语规则，另一部分为非言语规则。道德规范可以在一些言语规则与非言语规则中体现出来，其主要体现为一些特殊的语言，表现为禁忌语、体态语等。

在社会中生存的个体的言语行为并不能是随意的，是需要遵守社会或群体所制定的规则的。在同一个社会或群体内部，言语规则是为个体必须要遵守的，因而它在一定程度上可以对个体的说话内容与方式予以制约，同时也能将不同社会、群体在诸多方面的差异表现出来，可以将文化背景差异表现出来，也可以将价值取向等差异表现出来。因此，日汉语言在言语行为上的差异是十分明显的。

人与人之间交流的形式并不是固定的，可以使用言语行为方式，也可以使用非言语行为方式，与前者相比，后者在交际中也能发挥重要作用。在同一个社会或群体内部，许多的言语行为都是约定俗成的，是为所有成员所必须遵守的，且在不同的社会或去群体所认同的言语行为又是不同的。总之，不同民族之间的文化差异的确存在，对于两个民族来说，相同的言语行为在意义方面可能会存在差异，而不同的非言语行为在意义方面则可能会存在一致性。

（三）词语文化内涵

词汇在语言系统中的地位与作用是不容忽视的，我们知道语法很重要，它就像是语言的骨架，将语言支撑起来，有了语法，人们就能很好地将自己的意思表达出来，但如果没有了词汇，人们就无法表达出任何意思。不少教师与学生都对日语学习存在一定的误区，教师告诉学生要多积累日语单词，学生也谨遵师命，想尽一切办法死劲硬背日语单词，但明明不少学生确实花费了大量的时间与精力去背诵词汇，但他们最终也没有取得很好的日语成绩。之所以会出现这样一种情况，主要就是因为他们只是单纯地借助了词汇的字面意思，但词汇的意思是灵活的，在不同的语境中其往往表现出与其字面意思较大的差异。因此可以说，只是了解词汇的字面意思显然是不够的，学生必须要了解词汇的文化内涵。日语词汇体系中有一类词汇的文化内涵相对来说会比较丰富些，这些词汇主要包括习语、典故、委婉语等。

（四）情景适应性规则文化

情景因素可以对交际环境产生直接的影响，它甚至还能为宽泛的文化环境所制约，这里的文化环境包括许多内容，有人们非常熟悉的普通的交际环境，也有一些社会环境等。要达成有效交际的目标，笔者认为，不仅要对各种文化环境有清楚的认知，而且还要对交际有着密切关联的情景有准确的认知，因为人们在交际中所使用的语言符号与非语言符号都是为情景所限制的，且情景中的社会因素能决定交际的许多问题，不仅能决定交际者说什么，而且还能决定交际者的交际手段、目的等。

不同的文化有着不同的情景规约，因而也有着自身的情景适应性规则。要达成有效交际的目标，笔者认为还应该对不同文化之间存在的情景适应性规则差异予以了解与把握。在某一种文化情景中的行为是符合其情景规约的，但这并不意味着这一行为会符合其他文化情景中的文化规约的，甚至有时候在其他的文化情景中，这些行为很可能违法。

(五) 跨文化交流的文化差异

一个国家或地区的语言能够反映这个国家或地区的文化，而每个国家或地区各自的文化也促成了各自的语言。在进行跨文化地交流时，处于一种文化环境中的人经常谈论的事情或许是另一种文化环境中的人不想提及的事物。要想实现良好的跨文化交流，必须要了解另一种文化的禁忌之处。不同文化环境下的风俗习惯和观念的不同会导致两种文化之间的交流与互动受到阻碍。比如，日本人特别在意鞠躬这一举动，且经常会向其他人鞠躬。他们会在打招呼时鞠躬，在道歉时鞠躬。除此之外，日本人还会在鞠躬的同时，向对方说一些谦卑恭敬的话，以表示自己尊敬对方的态度，从而使对方对自己形成友好的印象，获得对方的好感，并在邻里间形成自己友好的形象和有礼貌的形象。但是学生没有这样熟练的与人交流的能力，容易产生不自然的感觉。教师为学生讲授日本文化的时候，一般都比较注重讲解日本的历史等书面的文化，并没有重视日本人交流习惯和交流方式以及交往心理的传授，这些交际知识的缺失导致学生不能够全面地了解日本的文化，也导致学生会认为日本文化就是一些片面的东西。这样的理解是错误的，是不利于学生学习日本文化的。学生和日本人交流的时候，常常会使用自己国家的交际思维与日本人进行对话活动，这样的交际思维是错误的。学生应当充分了解日本人交际的习惯和方式，用日本交际思维与日本人对话或互动，这样才可以实现友好交流。

因为学生缺乏用日本文化进行交际的实践，所以日语教师的一个重要任务就是使这些学生充分理解并掌握日本文化，以便达到与日本人流畅交流的目的。日语教师要注重向学生传递正确的观念，传授日本文化中的交际思维和判断思维，也就是正确与否的判断思维，并将这种教学内容巧妙地融入日语教学活动中，帮助学生获取日本文化知识，锻炼学生学会与日本人交流，提高日语学习能力水平，获得跨文化交流的技巧。每个国家文化的背后都有着该国长期以来形成的思想观念，因此，日语教师需要用科学的教学方式来帮助学生形成日本文化下的思维方式，帮助学生提高日语运用水平，这样才可以实现日语教学促进学生全面发展的目标。

第二节　日语教学中跨文化交际意识与能力的培养

一、日语教学中跨文化交际意识的培养

（一）跨文化交际意识的内涵

人的意识能够影响人的行为。人们进行跨文化交流的时候，需要使用跨文化交际的技巧与对方交流，这样才可以从对方文化的角度理解对方话语中的含义，推动双方跨文化交流的正常展开。

文化的不同于个体文化程度的不同导致人们在交流的时候会呈现出不同的态度和观点。跨文化交际意识强调各民族文化的差异性，要求人们互相尊重彼此的文化，倡导在友好的交流环境中进行不同文化间的碰撞。综上可知，要想使社会得到发展就必须要使人们学会用跨文化交际意识与他人进行交流。

研究跨文化知识时，跨文化交际意识这一知识面主要聚焦在人的认知层面。跨文化交际意识在人的脑中发挥作用引导人的行为。并且，跨文化交际意识与文化息息相关，需要人们积极探索自己国家的文化和其他国家的文化的差异，以此来提高自己在跨文化交际中的交流水平。跨文化交际意识主要有三个不同的内容。

（1）理解不同文化间的差异。

（2）接受不同文化间的差异。

（3）能够应对不同文化间的差异。

所有民族的文化都应是平等的，没有高低贵贱的区别。学生需要理解不同文化的内涵，用跨文化交际意识来充分理解其他民族的文化，从而实现跨文化交际双方的友好互动。

(二) 日语教学中跨文化交际意识的培养策略

1. 以文化教学为依托,培养学生的跨文化意识

(1) 文化差异直接影响跨文化交际

跨文化交际是各个国家和民族不可或缺的交际行为,也形成了一门学科。学生们学习其他国家的语言大多只是停留在表面,不能够达到与其他国家的人流利交流的标准。语言能够反映背后的文化底蕴,能够展现文化的魅力。目前我国学生学习日语只是学习了日本语言的理论,没有掌握日本的文化,这样的日语学习不利于学生与日本人沟通交流。中国和日本两个国家的文化有着许多差异,增加了双方跨文化交际的困难。教师要引导学生解决跨文化交际的困难。语言的运用的复杂的,有时一种意思可以有多种表达方式,而不同的表达方式会带来语句含义的细微差别。如果要减少语言含义的出入,就必须向学生传授日本的文化,这样学生才能够全面地了解日本的文化和语言应用习惯,获取丰富的日本文化知识。

(2) 文学作品中的文化教育是优化日语教学的关键

日语教学不应当只是涉及语言理论知识,而是应当在课堂中增加日本文化的知识内容。教师在课程中要向学生教授全面的日本文化知识,帮助学生形成跨文化意识,提高日语交流水平。

语言与背后的文化密不可分,能够映射出文化,还能促进文化发展。教师教授日语知识时,还要传授日本文化知识,进行全面教育。这样做既可以帮助学生形成跨文化意识,还能锻炼学生运用日语进行跨文化交流的能力。中日之间跨文化交流不仅指的是中国学生与日本人的语言交流,还指的是中日之间不同文化的交流。

教师教授日语的过程是一个循序渐进的过程,能够使学生真正学到日语相关知识。教师不仅要教授日语理论知识,还要教授日本文化中重要的"和"文化。日本人重视和谐,为增进与他人的关系,他们会使用较为委婉的语言表达形式与人交流。许多地区的人们都有这种含蓄的语言表达,但是在日本,这种含蓄的语言使用得非常多。日本人常用委婉的表达方式而不是肯定的表达方式。

语言从其形成到其发展,都是无法与文化相互分开的,要学习一门语言,只是简单地了解语言的基础知识,显然是不够的,必须要对语言背后的文化有清楚的了解,同时还应该在语言学习中自觉地引入文化,使文化成为学生学习日语的重要媒介。对于教师来说,其必须要清楚地了解到日语语言与日本文化之间存在的内在联系,在日语课堂上不能过于重视讲解日语词汇、语音、语法

等基础语言知识,而是需要对词汇所蕴含的文化进行详细的讲解,只有这样,学生才能既掌握一定的语言能力,同时又能对日本文化有一定的了解,从而在应用日语时能做到准确应用。语言的学习与使用都需要一个良好的环境,这意味着它是不可能脱离文化语境而存在的。人是生活在社会生活中的,人的一切行为都必须要为一定的社会文化模式所限制,当然,人的语言交际行为也应该被包括在内。其实,那些在日语学习中加强日本文化学习的学生往往能掌握更加全面的日语知识,同时也能更加准确地使用日语。

2. 在听力理解中培养跨文化交际意识

日语教学的最终目标并不是让学生掌握日语语言基础知识,这是学生学习日语的基础目标,最终目标应该是培养跨文化交际能力。在日语听力了解中,学生不能只是将精力放在对话者使用的词汇与语法上,而是应该能对对话者对话过程中的日本文化语境进行认真的分析,从而不断找到语言背后的文化意义,进而对日语信息进行重新解构,了解日语的具体使用规范。

(1) 巩固基础知识,培养跨文化交际自信心

要想提高日语听力理解的效果,首先就需要学生掌握扎实的日语基础知识。首先,学生应该先学习并掌握正确的日语语音语调,同时还要自觉地进行跟读训练,并在跟读训练中了解自己在语音、语调与语速等方面存在的问题,并积极解决问题。其次,听力理解需要一定的词汇做支撑,那么学生就需要在学习中积累大量的词汇,同时还应该了解词汇在不同语境中的具体应用问题,也就是要了解词汇蕴含的文化知识,掌握词汇在不同文化语境中的应用。

影响跨文化交际的因素有很多,其中比较重要的一个因素就是交际者的交际心理障碍,在交际的过程中,恐惧、自卑等心理都会交际者实际的跨文化交际产生影响,这些影响的程度是不同的。在实际的听力教学中,教师必须要有意识地培养学生健康的文化观,使其在日语学习中能对日本文化有准确的了解,进而在语言学习中逐渐掌握日本文化,同时借助日本文化又完成对日语语言的学习。在日语学习中肯定还会遇到母语文化迁移的情况,对于这种情况,教师要引导学生进行正确地对待,要了解母语迁移是学生长期以来使用母语所产生的必然结果,这种情况是客观存在的,在日语学习中学生能做到的就是尽量避免母语迁移的影响。

(2) 通过对比培养跨文化交际意识

在听力训练中,比较法是一个比较重要的方法,在学生进行听力训练之前,教师应该为学生梳理出听力材料中的一些关键词汇,同时还要引导其对中日文化差异有足够的了解。在了解了听力材料的关键词汇之后,学生就能围绕

关键词汇去延伸学习内容,在课前完成对相关日本文化的挖掘与分析,并将这些文化知识应用在日语学习中,这样,其就能在听力过程中完成对听力材料的正确解读。

(3) 网络多媒体的运用

当前,人类已经进入信息时代,各种信息技术不断涌现了出来,并在人类生活的各个领域中获得了不错的应用,教育领域也不例外,教育改革也已经开始向着信息化的方向前进,尤其是网络视频技术的发展,更是为日语学习提供了重要的学习手段,学生借助网络,可以自行收集各类日本文化知识与日语基础知识。在网络平台上,学生可以根据教材内容以及教师的要求去自行搜索各种不同的听力材料,同时基于自己的爱好与需求去进一步拓展日语听力材料的范围,这样,学生就能在收集日语听力材料的过程中完成对日本文化知识的了解与掌握。其实,这就已经表明,日语听力理解是不可能脱离日本文化存在的,日语语言知识始终要与日本文化知识联系在一起。不过,笔者还应该指出的是,在学生进行网络听力材料收集时,教师还应该对其进行必要的引导,使学生能选择适合自己的、能发挥巨大效果的材料。

3. 改善教师的文化教学意识

在日语教学中,日语教师将会对教学质量有重要的影响,甚至还能对学生的学习质量产生不小的影响。因此,日语教师要了解自己在日语教学中的重要性,要自觉地掌握全面的日语语言知识,同时还应该自觉地不断提高自己的文化素养。当前,中国的不少日语教师都是本国高校培养的,他们所学习的知识也大多局限于日语基础语言知识,并没有对日本文化知识有全面的掌握,即使有了一定的认识,也不是那么深入。这就使其在教授日语的过程中并没有将足够的文化知识传授给学生,也使学生在日语的学习方面有所欠缺,更不能培养跨文化交际的意识与能力。

教师要改变自己的日语教学意识,应该形成文化教学意识,在日语课堂上自觉地融入一些日本文化知识,同时要在课下多积累一些日本文化知识,多整理中日文化之间的异同点,并引导学生认识两种文化的差异与共性,同时在日语学习中灵活地应用这些文化知识。

二、日语教学中跨文化交际能力的培养

(一) 跨文化交际能力的界定

不同的学者看问题的角度不同,因此,在解读跨文化交际能力时,其给出了不同的解释。在学者陈国明看来,在某种环境中能有效、得体地完成某种交际行为,从而获得一些预期回应的能力,这就是跨文化交际能力。①

达成跨文化交际的目标应该有效地减少交际中存在的不确定性。从心理学层面上来看,跨文化交际能力指的就是人们所具有的内在能力,是一种在交际中可以解决文化差异、处理心理不适等问题的能力。这一定义的侧重点为人们在交际中的跨文化能力,就是如何处理交际中的文化差异的能力,并没有对交际过程中的人们的行为是否得体进行解释。

尽管不同的学者在认识跨文化交际能力时可能角度不同存在偏差,但是它们之间也存在一定的共性,这里的共性主要包括两点,一点是交际场景是具有跨文化性的,另一点是交际行为是得体的且有效的。语境指的是交际双方交际过程中所处的场景或场合,所有的交际行为都必须要在一定的场景中进行,没有场景,交际行为也无法真正发生。能影响交际者交际行为的因素有很多,比如交际者的社会角色、交际目的等,而这些因素所能产生的影响甚至是直接的。每一个交际对象其所处的文化背景都是不一样的,这也决定了他们在认知交际行为模式、规范等方面也有着明显的差异。这就使其对同一个场景中的交际者的交际行为产生了不同的期待,因而其在判定交际者的行为是否得体方面也有着自己的标准。如果交际者的交际行为与自己所认知的交际规范不一样,那么人们就会认为交际者的交际行为是错误的,甚至有些人还会对交际者的交际产生厌恶的情绪。而当这些负面的情绪被表露出来之后,所谓的跨文化交际的道路就被封堵了,跨文化交际也会陷入失败的境地。

(二) 日语教学中跨文化交际能力的培养方式

1. 创新日语教学方法

笔者对日语教学的实际情况进行分析发现,不少教师依然没有摆脱传统日语教学理念与方法的影响,依然将日语教学的重点放在日语语音、词汇与语法等基础知识上,这让不少学生并没有真正掌握日语知识,他们无法灵活地使用日语,无法用日语与他人进行交际。从这个意义上来说,日语教师不应该固守传统日语教学理念与方法,而是应该总结过去的教学经验,吸收先进的教学理念,不断创新日语教学方法。在日语课堂上,教师应该多为学生提供一些用日语交流的机会,为他们组织多样的日语教学活动,尤其是要为其营造多样的日语学习情境,从而使学生可以在不同的情境中学习更多的日语知识。而且,更

---

① 彭云鹏. 医学情景跨文化交际能力研究 [M]. 石家庄:河北人民出版社,2018:26.

为重要的是,在参与情境的过程中,学生不仅能学习到更多的日本文化知识,而且还能培养自己的合作精神。

2. 课程设置的改革要注重对学生人文素养的培养

纵观日语教学的现状,可以清晰地发现,日语教师并没有重视对日本文化的教学,甚至在日语课堂上根本就不会提及日本文化。文化是语言产生的土壤,要真正了解日语知识就需要对日本文化有足够的了解,否则,所谓的日语语言知识学习也不过是无源之水、无本之木。从这一点上来看,学校必须要认识到当前日语课程存在的不足,积极改革日语课程,设置日本文化课程。日本文化知识的讲解不应该只是日语教师的任务,学校还应该积极从校外邀请一些日本文化专家、日本友人,从而使学生可以了解更加全面而深入的日本文化。了解日本文化并不意味着推崇日本文化,要知道的是,日本文化是脱胎于中国文化的,它的体系中总是有着中国文化的"影子"。因此,在日语教学中,日语教师除了要介绍日本文化之外还应该介绍中国文化,让学生进行中日文化对比,从而使其可以在中日文化对比中更加地了解日本文化,从而更好地学习日语。

3. 增强学生跨文化交际意识

(1) 掌握非语言交际技巧

跨文化交际能力不仅体现在学生对语言技巧的实际应用上,而且还体现在其对非语言技巧的实际应用上。那些语言技巧之外的所有行为都是非语言技巧,它不仅包括人们的表情与首饰,而且还包括人们的服饰等。与语言技巧一样,非语言技巧也是能体现不同民族文化差异的一个方面。相比于语言技巧,非语言技巧更加具有真实性特征。在具体的交际场合中,人们在表达时总是习惯地运用一些比较委婉的方式,甚至还会自觉地在表达中隐藏一些信息,即使他们在自己的语言行为中做了这些,但人们依然可以通过他们的非言语技巧将其隐藏的信息揭露出来。每个国家具有的非语言技巧都是不一样的,这主要与其文化的不同有关,因此,在进行文化交际之前,必须要掌握更加全面的交际技巧,尤其是要掌握非语言交际技巧。比如,在初次见面时,欧美人与日本人所表现出来的非语言技巧是不同的,前者表现为握手,后者表现为鞠躬。因此,在日语教学中,教师要有意识地将一些日本人的风俗习惯、建筑、音乐等文化引入课堂中,进而使学生能够边学习日语边获取许多日本文化知识。

此外,笔者还需要指出的是,非语言技巧并不孤立存在,它与语言技巧是相互联系的,是可以彼此发挥重要作用的。在具体的学习中,学生应该结合语言技巧加强非语言技巧的学习,从而使学生可以将学习到的技巧被灵活地运用在不同的交际场景中。因此,在日语教学中,教师不能忽视学生非语言技巧的培养，甚至应该想尽一切办法去培养学生的跨文化交际意识。

（2）了解日本人的思维模式

每个国家的人都有着自己的民族性格，在民族性格的形成与发展过程中也形成了不同的思维方式，看待问题的角度也具有差异。日本历史上就受到中国文化的长期影响，它也是汉文化圈的一分子，这可以从日本文字上看出来。不过，日本在吸收中国文化的基础上，结合自身的实际情况形成了自己特色的文化，正是因为特色文化的形成，才使日本人形成了特定的思维模式。日本人在语言表达中更加重视委婉的表达，在与他人相处时也更加遵守等级制度。因此，在日语教学中，教师应该让学生了解日本人在交际时的礼貌，了解日本人的思维模式，了解日本人的情绪，了解日本人不同行为的不同意思，从而能在具体的交际中使用正确的语言与表达方式。

4. 拓展语言交际环境，增强跨文化交流意识

学生日语运用能力的提高的手段之一就会提高资源的利用率，当资源的利用率提高了，学生就能掌握更多的日语知识，从而使其可以将知识灵活地运用在日语跨文化交际中。学校可以与其他学校或企业合作，让学生获得更多运用日语的机会，从而使其日语听力与口语能力得到提高，使其在与他人交流的过程中形成跨文化意识。这对学生日语学习的长远性发展来说是至关重要的。此外，学校还可以多提供给学生一些留学的项目，让学生可以有机会到日本留学，这样，学生就能直接参与日语环境，直接学习到正确的日语发音，更是能直观感知日本的文化。

第三节　跨文化视域下日语教学实践分析

一、跨文化视域下日语口语教学实践

（一）日语口语教学的实践模式

日语口语课堂教学的实际实施可从四个阶段进行。

第一阶段：课前热身。学生通过课程的学习，能够听懂日语对话中谈论的内容，了解相关时间、日期等的用法和读法，并可运用所学知识进行口头表述。

第二阶段：介绍阶段。教师首先用一首日文歌曲为学生带来轻松的学习氛围，同时引出话题，然后通过阅读所给的信息让学生复习一些熟悉的日本文化，同时再现和复习课程内容。

第三阶段：练习阶段。教师通过图片展示引起学生的兴趣，以便引出日本独特的文化，教师可根据听力的难度变换题型，帮助学生有效地听取重要信息。

第四阶段：运用阶段。学生通过听录音获取重要信息，并为下个环节做准备。教师通过学生模仿朗读，重点关注学生的语音和语调。

(二) 日语口语教学的实施与汇报任务

1. 分组讨论

指导学生进行分组讨论，每组分正反两方，举例说明不同的观点并总结陈词，在组内进行汇报。

2. 组织对话

在讨论的基础上，每组同学组织一个辩论式的对话，尽可能多地使用给出的有用短语、句型和比较级语法结构，并让两到三组同学进行当堂表演，在班内进行汇报。

(三) 日语口语教学的评价任务

首先，教师要对学生已经形成的观点进行适当评价，同时还应该对学生的表现做出合理的评价，要对小组成果进行评价，指出个人、小组在日语口语学习中的优势与劣势。

其次，教师应该根据学生实际的学习情况布置课后作业，让学生运用自己在课堂上的所学进行短文写作。

小组合作是一种学习日语的好方法，在进行小组合作的过程中，学生可以获得更大的日语运用空间，他们可以彼此用日语交流，在这一过程中，学生的学习兴趣被激发了，学生的学习质量与效率也能有所保证。

二、跨文化视域下日语词汇教学实践

(一) 日语词汇教学的内容

词汇教学的内容是十分丰富的，学生不仅要了解词性、词义等内容，而且还要了解词汇的具体用法等内容。具体来说，笔者认为，日语词汇教学应该包括以下几个方面的内容。

1. 单词的意义

由于母语与目的语之间存在一定差异，所以从语义角度上来讲，一些词汇的含义就其内涵、外延而言在两种语言中不尽相同。词汇教学的第一任务就是让学生明白所学单词的含义。一个单词的含义在很多情况下是受上下文制约的。在教学中，教师应通过各种手段帮助学生了解语意和情景之间的关系。一些单词的语义差别对非本族人来说总是很困惑的，分清这些概念同样是词汇教学的任务之一。

2. 单词的用法

词汇的用法主要包括比喻与习语、固定搭配、风格与语体等。就语域而言，词汇有正式与非正式、褒义与贬义、抽象与具体之分。一般来说，词汇的基本信息，即词汇的音、形和义的学习主要依靠记忆，但词汇用法学习则需要大量的实践。

3. 单词的相关信息

词汇基本信息包括词性、词缀、词的拼写和发音等。这是词汇的最基本信息，也是学生应该掌握的最基本内容。

4. 单词的语法

不同的单词有着不同的语法特点，且在不同环境下，词的拼写形式也会相应地发生变化。

（二）日语词汇教学的策略

1. 词汇展示策略

由于词汇是读音、形态和含义的结合体，所以在词汇展示阶段教师就不能只展示词汇的形态，还应注重对词汇读音和含义的教授。

词汇展示应该具有直观性和趣味性的特点。直观性可以通过具体实物、图片、动作等来展现。趣味性则是要将枯燥的词汇教学变得生动有趣，使学生对所展现的词汇有学习了解的兴趣。词汇展示不能忽视词汇读音和含义的渗透，教师不能只顾其中一方面而忽视另一方面。词汇展示策略包括表情展示、实物展示、动作展示、多媒体展示等策略。

2. 词汇训练策略

词汇训练策略是词汇教学中的重要内容之一，教师应根据具体的单词特点向学生介绍相应的策略。一般来说，促进学习的训练策略有构词记忆、联想记忆和最佳时间记忆。

单词往往有着自身的内在结构与联系，而且日语还是一种黏着语，正是因为这两点，学生在记忆词汇时就可以运用构词法。记忆词汇还可以使用联想法，因为词汇并非独立存在，它可以与其他词汇组成词组，可以融于其他句子中。联想的手法能在很大程度上提升学生记忆词汇的效率。记忆并不是随意地组合不同的词汇，词汇之间要保持足够的联系才可以。同时，联想记忆法不仅能帮助学生记忆新词汇，而且还能帮助其将就词汇与新词汇联系起来，从而形成新旧知识的统一认知与分析。总而言之，学生在记忆词汇时不能随意地进行，而是应该遵循科学的记忆规律，灵活地记忆，死记硬背是日语学习的大忌。

3. 词汇运用策略

词汇学习包括不同的环节，词汇运用是比较重要的一个环节，如果学生无法记忆词汇，那么，其就无法使原本的词汇知识得到巩固，这样，对其以后的词汇新知识的学习也是不利的。因此，在具体的词汇教学中，教师应该根据学生的具体情况设置各种不同的教学策略，以保证学生词汇学习的质量。

（1）词汇游戏

词汇学习重在激发学生的学习兴趣，因此，在词汇教学中教师可以灵活地使用游戏教学策略。笔者认为，教师最好可以在日语课堂上组织竞争类游戏，这就让学生在做游戏获得日语词汇知识的同时也能培养自己的良性竞争精神。

教师还可以组织学生制作词汇卡片，用不同的颜色书写词汇，然后让其他同学来描述这一词汇，看哪一组能最快猜出词汇。但是在描述时，学生不可以出现动作和明显的声音模仿性的提示。类似这样的游戏既可以锻炼学生的语言表达能力，又可以从侧面反映出学生对词汇的掌握能力。

（2）看图描述

运用图片来描述词汇，可以让学生在学习词汇知识的同时也能提升自己的语言组织与口语表达能力。词汇学习涉及两大环节，一个是输入，另一个是输出，前者是基础与前提。而看图描述是一种能实现学生词汇知识输入与输出目标的重要手段。理解图片是一种输入，而用语言对图片进行描述则是一种输出。

（3）找对应项

这里的找对应项通俗起来理解就是对词汇进行必要的分组。教师可以将所有的词汇都罗列出来，然后让学生根据词性或者其他的标准去划分词汇，这样学生就能得到近义词或反义词，也有助于其理解一些意思相近或相反的词汇。

三、跨文化视域下日语教学评估

（一）学生评估

1. 学力评估

教学评估包括许多方面，其中对学生的学力评估就是一个比较重要的方面。学力所反映的是学生的综合能力，且最为重要的是，学力并不是静止的，它处于不断的动态变化中，当社会环境发生变化，它也会发生相应的变化。在变化之外它还存在着明显的不变之处，主要表现为：第一，认为学力应该揭示学生掌握知识与技能的情况，从而使学生可以从整体上形成某种能力；第二，学力并不是学生天生就具备的，是其接受教育的结果。

学力评估的目的主要表现为对学生的学习情况进行必要的分析与整理，从而使可以为教学提供大量的反馈信息，帮助教师更好地开展教学活动，提升教学质量。根据对学生学力评估的结果，教师能从整体上把握自身的教学情况，进而了解自己在教学中存在的问题，并结合具体的问题进行有效的改进，从而帮助学生完成综合能力的培养。进行学力评估的方法并不唯一，是多种多样的，教师可以使用标准学力测验、智力测验的方法，也可以使用实验法、评定法等。此外，学力评估能促进教学活动的开展，同时也能促进学生学习活动的开展，更是可以对学生的元认知监控产生积极影响。

2. 学业评估

对学生的学习过程与结果进行的评估就是学业评估。一般来说，学业评估能发挥多样的功能，主要表现为补救、促进和协调功能。学业评估可采取的方法也是多样的，教师可以采用诊断性评估、安置性评估方法，也可以使用形成性评估与总结性评估方法。此外，在进行学业评估时，教师还需要使用不同的测量工具，根据实际的评估情况可使用诊断性测验、预备性测验等评估工具。

学业评估相对来说还是比较难的，因为它会涉及方方面面的问题，只要是一个环节出了问题，那么所谓的评估就不成型了。尤其是教师在进行具体的学业评估时，要特别重视把握评估理念，使用评估方法，从而能最大限度地排除评估过程中的障碍。

3. 品德与人格评估

对学生进行评估，对其品德与人格评估也是非常重要的一个方面。学生学习知识就是为社会做贡献，当然，学习日语知识也是为社会做贡献的一个重要途径，学生学习结束之后就能加入促进中日文化交流或者经济交流的队伍中，从而让中日两国人民的友谊变得更加深厚。倘若学生的品德与人格不过关，那么，在与日本人的交流中，他们可能就会展现出不好的一面，进而影响交际的结果，甚至还会对中国人的形象产生消极影响。因此，日语教学评估体系必须要将对学生的品德与人格评估纳入其中。

在具体评估时，教师应该要从不同的方面对学生进行评估，要保持评估的客观性与全面性，不能片面地从学生的某一个方面就判定其品德与人格，这是非常危险的。

(二) 教师评估

对教师的评估也是多方面的，主要包括四个方面的评估，分别为教学工作素质评估、教学能力素质评估、政治素质评估与可持续发展素质评估。这几种评估保证了教师素质的综合性，这样其才能为学生打造一个更加和谐的日语课堂，才能帮助学生提高其学习质量，才能保证日语教学有效性的实现。

参考文献

[1] [美] 鲁思·本尼迪克特. 菊与刀 [M]. 吕万和, 等, 译. 北京: 商务印书馆, 1990.

[2] [日] 福泽谕吉. 文明论概略 [M]. 北京编译社, 译. 北京: 商务印书馆, 2009.

[3] [日] 家永三郎. 日本文化史 [M]. 刘绩生, 译. 北京: 商务印书馆, 1992.

[4] [日] 梅原猛. 世界中的日本宗教 [M]. 卞立强, 李力, 译. 成都: 四川人民出版社, 2006.

[5] 毕洁如. 太宰治小说《人间失格》中的自我意识 [J]. 濮阳职业技术学院学报, 2017 (5).

[6] 程青, 张虞昕, 李红艳. 日语教学理论与实践模式研究 [M]. 长春: 吉林人民出版社, 2019.

[7] 翟文雷. 浅议日本文化的发展史 [J]. 魅力中国, 2009 (7).

[8] 丁尚虎, 赵宏杰. 社会语言学与日语教学研究 [M]. 上海: 上海交通大学出版社, 2019.

[9] 丁以寿. 中华茶道 [M]. 合肥: 安徽教育出版社, 2007.

[10] 董春芹. 跨文化视域下的日语教学研究 [M]. 长春: 吉林人民出版社, 2019.

[11] 顾伟坤. 日本文化史教程 [M]. 上海: 上海外语教育出版社, 2008.

[12] 关春园, 徐宏亮. 多元化视角下的日语研究 [M]. 北京: 新华出版社, 2015.

[13] 郭晓雪. 互联网+时代的日语教学模式探究 [M]. 北京: 北京工业大学出版社, 2019.

[14] 韩立红. 日本文化概论 中文版［M］. 天津：南开大学出版社，2008.

[15] 郝周绍. 试论日本民族的义理人情［J］. 延安职业技术学院学报，2012（1）.

[16] 黄宝珍. 日本人的义理观解读［J］. 贵州大学学报（社会科学版），2009（6）.

[17] 黄芳，杨爽，林茜茜. 日本文学理念精要［M］. 苏州：苏州大学出版社，2019.

[18] 黄建华. 论日本人的义理观［J］. 外语与翻译，2010（4）.

[19] 贾华. 双重结构的日本文化［M］. 广州：中山大学出版社，2010.

[20] 姜建强. 另类日本文化史［M］. 上海：上海交通大学出版社，2014.

[21] 姜建强. 日本料理的文化观察［J］. 书城，2018（10）.

[22] 蒋秝. 浅析"互联网+"多元化日语教学模式［J］. 现代经济信息，2019（2）.

[23] 蒋秝. 日本文化发展研究［M］. 延吉：延边大学出版社，2019.

[24] 濑沼茂树. 野上弥生子の世界［M］. 东京：岩波书店，1984.

[25] 雷晓敏. "物哀"论的前世今生［J］. 东方丛刊，2019（2）.

[26] 李朝辉. 言外之意与日本人的娇宠心理［J］. 社会科学杂志，2006（3）.

[27] 李春雨. 日语教学中跨文化交际能力培养模式分析［J］. 新教育时代电子杂志（教师版），2021（4）.

[28] 李玲莹，牟月. 日本"物哀"的审美释义［J］. 大观（论坛），2020（4）.

[29] 李明慧. 日语教学中跨文化交际能力培养策略研究［J］. 吉林省教育学院学报，2020（5）.

[30] 李明姬. 日语教学与思维创新研究［M］. 成都：西南交通大学出版社，2017.

[31] 李宁宁. 日语教学与思维创新探索［M］. 长春：吉林人民出版社，2019.

[32] 栗园园. 日语思维与教学研究［M］. 长春：吉林文史出版社，2017.

[33] 刘博. 跨文化教育在日语教学中的应用［J］. 学园，2020（4）.

[34] 刘德润. 中国文化十六讲［M］. 上海：上海世界图书出版公司，2019.

[35] 刘丽薇. 关于日本"物哀"［J］. 北方文学，2016（15）.

[36] 刘小珊. 概说日本文化史［M］. 大连：大连理工大学出版社，2010.

[37] 罗俊超. 多元文化视域下的日本语言与文化 [M]. 长春：东北师范大学出版社，2019.

[38] 宁雅南. 文化视角的日语教学研究 [M]. 武汉：湖北科学技术出版社，2016.

[39] 牛蕊. 能力本位视角下高校学生翻译能力培养实践 [M]. 成都：电子科技大学出版社，2018.

[40] 饶从满. 日本现代化进程中的道德教育 [M]. 济南：山东人民出版社，2010.

[41] 沙薇，张娅萍，张利. 新编日本文化概论 [M]. 北京：光明日报出版社，2015.

[42] 盛勤. 日本概况 [M]. 上海：上海外语教育出版社，2011.

[43] 石牟礼道子. 葭の渚：石牟礼道子自传 [M]. 东京：藤原书店，2014.

[44] 时伟. 教育学 [M]. 合肥：安徽大学出版社，2020.

[45] 宋波. 野上弥生子作品中的女性形象 [J]. 重庆第二师范学院学报，2022（2）.

[46] 宋艳军，彭远，凡素平. 全球化语境下的日语文化教学研究 [M]. 青岛：中国海洋大学出版社，2019.

[47] 孙中宁. 日语的特点 [J]. 北方文学，2015（24）.

[48] 覃振. 跨文化日语教学模式构建研究 [J]. 牡丹江教育学院学报，2018（2）.

[49] 谭培培. 日本文学中的物哀探究 [J]. 北方文学，2019（6）.

[50] 唐磊. 日语教学论 [M]. 南宁：广西教育出版社，2019.

[51] 唐向红. 日本文化的发展与变迁 [J]. 黑龙江科技信息，2008（32）.

[52] 田小风. 对鲁思·本尼迪克特《菊与刀》中"义理与人情"的再解读 [J]. 陕西教育（高教版），2012（12）.

[53] 佟姗. 日本生态文学及价值趋向分析 [J]. 山花，2014（24）.

[54] 王婷，韩雪. 日本社会文化探索 [M]. 天津：天津人民出版社，2020.

[55] 王颖. "互联网+"背景下线上线下日语教学研究 [J]. 产业与科技论坛，2022（2）.

[56] 王仲涛，汤重南. 日本史 [M]. 北京：人民出版社，2014.

[57] 卫鹏, 刘学思. 禅宗文化下的日本枯山水庭园初探 [J]. 东方藏品, 2018 (3).

[58] 肖霞. 日本文学思潮论 [M]. 济南: 山东大学出版社, 2019.

[59] 辛子昱, 樊怡. 跨文化交际与日语教育 [M]. 沈阳: 辽宁大学出版社, 2019.

[60] 修刚, 朱鹏霄. 国际化视野中的专业日语教学改革与发展研究 [M]. 天津: 天津科学技术出版社, 2014.

[61] 杨薇. 日本文化透视 [M]. 天津: 天津教育出版社, 2010.

[62] 杨文丰. 论绿色文学的特质 [J]. 南方农村, 2001 (3).

[63] 杨洋, 倪兆学, 徐岩. 日语课堂设计与微课教学模式 [M]. 长春: 吉林人民出版社, 2019.

[64] 杨哲. 浅谈日本料理特色 [J]. 智富时代, 2015 (3).

[65] 姚雪. 试析日本耻感文化 [J]. 现代交际, 2019 (3).

[66] 野上弥生子. 野上弥生子全小说 14 [M]. 东京: 岩波书店, 1997.

[67] 野上弥生子. 野上弥生子全小说 2 [M]. 东京: 岩波书店, 1997.

[68] 野上弥生子. 野上弥生子全小说 3 [M]. 东京: 岩波书店, 1997.

[69] 叶渭渠, 唐月梅. 日本人的美意识 [M]. 北京: 开明出版社, 1993.

[70] 叶渭渠. 日本文化通史 [M]. 上海: 上海三联书店, 2021.

[71] 姻文. 论多元化的日语教学评价体系 [J]. 家教世界, 2013 (14).

[72] 张旦华, 胡淑霞, 张文池. 日本料理中蕴含的文化密码 [J]. 侨园, 2020 (6).

[73] 张露. 浅析日本文化中物哀精神 [J]. 人间, 2016 (5).

[74] 张佩霞, 王诗荣. 多元化视角下的日语教学与研究 [M]. 上海: 华东理工大学出版社, 2009.

[75] 张锐. 现代日语教学思维创新与实践探索 [M]. 长春: 吉林人民出版社, 2021.

[76] 张文碧. 日本文学作品选读 [M]. 上海: 复旦大学出版社, 2015.

[77] 张艳萍, 邓秀梅, 谢苗. 从义理看日本伦理思想的特质 [J]. 唐都学刊, 2008 (11).

[78] 张艳萍. 义理在日本的传播及影响 [J]. 西北大学学报 (哲学社会科学

版），2007（11）．

［79］张雨诗．日本动漫的发展及启示［J］．产业与科技论坛，2013（1）．

［80］赵雪．日本民族双重性格中的"义理"与"人情"［J］．文化学刊，2015（1）．

［81］周阅．吉本芭娜娜的文学世界［M］．银川：宁夏人民出版社，2005．